保育問題研究シリーズ

私たちは生きる
災害から子どもたちの命を守るために

全国保育問題研究協議会 編

編集委員 鈴木牧夫・三浦和恵・千葉直紀・神田朋実
山並さやか・古林ゆり

新読書社

〈凡例〉

全国保育問題研究協議会は、全国保問研、または保育問題研究会と略す。
各地の保育問題研究会は地名の下に保問研と略した形式で掲載する。
例・仙台保育問題研究会は、仙台保問研。東京保育問題研究会は東京保問研など。
『季刊保育問題研究』は、『季刊』と略す場合がある。

尚、本書掲載の文章は『季刊保育問題研究』に掲載されたものが多く、それを記すために執筆者一覧と共に初出一覧を巻末に掲載した。

「保育問題研究シリーズ」の刊行にあたって

現在、全国でおよそ一八〇万人の乳幼児が保育所で、二〇〇万人の幼児が幼稚園で、集団保育を受けています。

その子どもたちの日々の生活と、発達を保障する保育・幼児教育の仕事は、今日の社会情勢と、児童福祉・教育の制度・行政条件のもとで、きびしい局面にたたされています。

私達は歴史の要請である保育の社会化を、乳幼児の健康な生活と全面発達の保障、共に生きる世代の連帯を育てる民主的な集団づくりと結びつけて、科学的に追及してきました。近年の託児企業の進出による商業主義的育児サービスの普及によって公的保育が危機にたたされている現在、「保育とは何か」「子どもたちのために保育者は何をしなければならないのか」をあらためて各方面に問いかけ、未来に生きる子どもの権利を守る保育実践を、私達は保育界に提起していく決意です。

保育問題研究シリーズは、全国保育問題研究協議会の結成以来二十数年の歴史をかけてきずいてきた各地の保育実践に根ざした研究成果を、現時点の課題にたって整理しなおし、研究会内外の保育関係者の討論に供するべく編まれたものであり、私達の到達点と同時に出発点でもあります。みなさんのご批判を受け、さらによいものにしていきたいと願っています。

一九八八年三月　全国保育問題研究協議会常任委員

私たちは生きる～災害から子どもたちの命を守るために～（目次）

扉写真：仙台市・岩切たんぽぽ保育園／多賀城市・下馬みどり保育園／亘理町立荒浜保育所（仮設時）

はしがき

二〇二三年三月一一日、石巻は慰霊の静けさに包まれました。同源院では一三回忌法要がここ一週間執り行われているとのこと。慰霊の祈りの後には澄んだ音色のピアノ演奏、勇壮な鬼剣舞が演じられました。一二年前、同源院には多くの人が避難してきて避難所の役割を数ヵ月間果たしました。その後、石巻市の要請を受けて市内に二つの認可保育園を立ち上げています。

東日本大震災では多くの人が生を見つめさせられました。被災地仙台から高速バスで東京に帰るときに乗り合わせた老婆は、「うちは幸せだ、遺体が見つかって良かった」と語っていました。避難所になっている保育園に支援で出かけると、子どもの命を守りきれなかった保育士から「私は生きていて良いのでしょうか」と問いかけられて答えに窮している自分がいました。どう応じれば良かったのかと考えさせられてきました。

二〇一一年の春は身体から寒さが抜けていかず、出張先の京都で厚手のコートを買って着たりしました。五月の連休の仙台・勾当台公園の八重桜が何と眩しかったことか。年月が一二回周る中で、寒々とした気持ちも癒されてきて今だったら確信を持って言えると思います。「生きましょう。子どもたちと共に」と。「私たちは生きる」という本著のタイトルは、四年前に保育問題研究会の事務所で震災学習委員会を開いているときにみんなで考えたものです。生を肯定するとともに、子どもたちの命を守る保育者の決意を表しています。

本書に掲載されている論文やエッセーのほとんどは、『季刊保育問題研究』で連載している「震災と保育」のために書かれています。支援活動を展開する中で得た私たちの「学びの軌跡」とも言えるものです。本書には考察を深めるために、新しく書いていただいた論文も含まれています。

東日本大震災から始まった支援活動は、二〇一六年四月の熊本地震、二〇一八年六月の大阪北部地震、二〇一八年七月の西日本豪雨災害、二〇一八年九月の北海道胆振地震、二〇一九年一〇月の台風一九号災害、二〇二〇年七月の熊本豪雨災害においても継続されて、災害全般から子どもたちの命を守る活動へと広がっていきました。これらの活動から生み出された文章も盛り込まれています。

保育施設の役割を考えるために、一九九五年一月一七日に発生した阪神淡路大震災の記録・考察も盛り込まれました。至る所に共通の課題が存在することを読み取ることができます。

本書は、Ｖ部から構成されています。

第Ⅰ部　東日本大震災における全国保問研の被災地支援活動の現状と支援活動から見えてきたこと
第Ⅱ部　私たちは地震・津波時にどう行動したか。
第Ⅲ部　支援活動を行って～保育ボランティア～
第Ⅳ部　保育施設の役割を再考する
第Ⅴ部　震災を見つめ続けて～震災・学習委員会の活動について～

巻末に掲載時の年月を記しています。初出の文章についても二年前に書かれたものです。現在の時点から見ると年月の表記がずれてしまっている箇所もありますが、そのままにしています。

一二年のときのめぐりの中で浮かんだ想いや思考を巡らせた考察を子どもたちの命を守るための営みに活用していただければ幸いです。

I

東日本大震災における全国保問研の被災地支援活動と支援活動から見えてきたこと

山形での第五〇回全国保育問題研究集会（山形・仙台共催）を準備する中で三・一一の大震災が発生しました。このような状況の中で「開催は無理ではないか」「被災地・被災者に迷惑をかけてしまうのではないか」「五〇周年を祝う気持ちにはなれない」「原発事故はどうなのか」というような率直な声もあげられました。

全国保育問題研究協議会・常任委員会としては、このような声を受け止めつつ、「うつむいていては困難に立ち向かう勇気は涌いてこない、みんなで集って励まし合って希望を語り合う場にしよう」ということで、山形集会をあえて実施する方針を打ち出しました。そして、五〇回集会の歴史を振り返り、保問研の到達点と課題を探るというテーマを、大震災の事実を踏まえて、「復興」をテーマにした保問研のあゆみをたどることにしました。

戦後の焼け野原から保問研が再建され、伊勢湾台風時のレンガの子どもたちの実践、阪神淡路大震災から間もない二年後の兵庫集会、今回の東日本大震災と、保育問題研究会の運動は困難に立ち向かう「復興」の歴史でもありました。これまでの復興の歴史に学びつつ、今回の大震災にどう立ち向かうことができるのか、保育が果たす役割について考える場としての山形集会にしました。具体的には、復興をテーマにしたシンポジウムと大震災のパネル展示を行い、復興のための応援コーナーも設定しました。さらには、集会後に、被災地・石巻の訪問活動をも組織することができました。集会自体は、交通のアクセスの悪さ、放射能の危険による出控えという状況にもかかわらず、九二五名の参加を得て成功をおさめることができました。

集会を契機にして、全国保育問題研究協議会は、精力的に被災地支援の活動を展開しています。石巻市、南三陸町、福島市への被災地訪問、被災地の要請にもとづく支援物資を送る活動、南三陸町と亘理町、福島市への保育ボランティアの派遣、国内外の支援活動を被災地に橋渡しする等、多彩な活動を展開してきました。

本稿では、保育問題研究会の被災地支援の活動を紹介する中で、保育問題研究会の被災地支援の活動が研究活動にとってどのような意義があるのかを考えたいと思います。

保育問題研究会の被災地支援活動の現状

支援金を送っても、何に使われるのかが見えてこない、「目に見える支援をしたい」という会員の声に応じて、被災地と直接連絡を取りながら支援活動を展開してきました。被災地とのつながりを模索する中で、南三陸町、石巻市、亘理町、山元町、福島市の五ヵ所とつながりを持って支援を行っています。

1 ● 南三陸町

仙台保育問題研究会の佐藤真穂さんが南三陸町に住んでいて、志津川保育所の三浦房江さんと知り合いということで、つながりができました。南三陸町は、被災地の中でも津波の被災状況が厳しいところであり、保育所を再開できないでいました。三浦さんからは、「保育に関係あるものであれば、何でも送ってほしい」という要請があり、仕分けの煩雑さを避けるために、各地の保育問題研究会に「一箱に同じものを詰めて送る」というルールをつくって、送りました。仙台、京都、東京、愛知、浜松、栃木、広島の保育問題研究会と、秋田はねかわ保育所等から、玩具、紙芝居、絵本、画材、文房具、衣類、生活用品、パソコンデスク、手作りおもちゃ等が送られて、六月一〇日の保育再開までにはほぼ揃いました、という返事を三浦さんからいただきました。「もう一つ何かありますか」と聞くと、紅白帽子が無いということで、急遽、京都保育問題研究会から、紅白帽を二五〇人分送ってもらいました。

町立保育所以外にも、ホテル観洋の職場保育所マリンパルには、ハエ防止のための蚊帳、Tシャツ等の物資を送りました。二学期から再開予定のあさひ幼稚園にも支援金を送りました。この活動以外にも、二〇一一年八月から一二月までに京都、首都圏の会員延べ一〇人がホテル観洋の職場保育所・マリンパルに保育ボランティアとして入っています。九月には『季刊保育問題研究』の編集委員の人たちと仙台保育問題研究会の会員で応援ツアーに出かけ、南三陸町在住の佐藤真穂さんに案内していただきました。

2●石巻市

公立保育所二九ヵ所中八ヵ所が保育を再開できないでいました。なかよし保育園と連絡を取る中で、子どもたちのTシャツ、手作りおもちゃ等を持参して、全国集会後の二〇一一年六月六日に三四名で訪問しました。六月五日の前日には、仙台で交流会を持ち、宮城県保育関係団体連絡会事務局長の安達さんから宮城の保育園の被災状況のレクチャーをしていただきました。現地の案内は、仙台の三浦和恵さんに案内していただきました。愛知の宍戸健夫さん、愛媛の合田千里さん、京都の清水民子さん等、ベテランの方々の参加が目立ちました。物資以外にも全国から送られた義捐金をお渡しできました。なかよし保育園の大橋巳津子さんには、石巻の被災の状況を話していただきました。

3●亘理町

仙台保育問題研究会の創設者の一人である菊地映子さんが亘理町荒浜に住んでおり、被災にあったことから、菊地さんへの支援と共に、亘理町の保育所に支援をしてきました。菊地映子さんは、地震が発生して津波が来るというときに、近くの荒浜保育所に出かけて、子どもたちと一緒に荒浜中学校に避難しました。津波は、校舎の二階にまで押し寄せてきましたが、三階に逃れて子どもたちは全員無事でした。海水が引かない中、次の日の午後に自衛隊のヘリコプターで救出されて、岩沼市民会館、亘理高校、亘理中学校で避難生活を送り、現在は、仮設住宅で生活を送っています。菊地さんは、亘理高校の避難所で率先して子どもたちのあそび場、キッズルームをつくって子どもたちを見守り、仮設住宅でも老人たちの仲間づくりに奮闘しています。

亘理町では、六ヵ所の保育所の中二ヵ所が津波に遭って使用不可能になり、荒浜保育所、吉田保育所の子どもたちは、四月四日に保育再開後、他の保育所、児童館で生活していました。七月に入ってから、荒浜保育所の三〜五歳児は仮設保育所で、吉田保育所は、吉田児童館で保育を受けています。

当初は、全国から寄せられた義捐金をお送りしましたが、仮設での保育が始まってからは、物置やパソコンなど必要な支援物資を送っています。八月中には、荒浜保育所、亘理保育所、吉田保育所に首都圏の保育者延べ九人に保育ボランティアとして入ってもらいました。

4●山元町

津波を想定した避難訓練がなされない中、保育中に幼稚園、保育園で子どもたちが津波に遭って亡くなりました。町立保育所三ヵ所中二ヵ所が被災して、五月の連休明けから北保育所一ヵ所で保育を再開しました。六〇名定員の保育所に最大一四三名が保育を受けていました。九月に入って、坂元地区の老人いこいの家を借りて、南保育所を再開させて、五〇名が保育を受けています。南保育所の再開時に、二つの保育所の子どもたちのために一五〇人分の防災ずきん、南保育所には放送設備も送りました。防災ずきんの経費の一部は、札幌保育問題研究会の酒井玲子さんを通して、ドイツ・ドレスデンのクライネ・フレーベル・キンダーガールテンから送られた義捐金を使わせていただきました。

5●福島市

福島市のさくら保育園は、津波被害はないものの、原発事故による放射能汚染の被害に遭いました。さくら保育園に支援物資を送るだけでなく、京都、東京、仙台から保育ボランティアを派遣しました。二〇一六年一〇月には、震災学習福島ツアーが企画されて、「福島保育のつどい」に保育問題研究会のメンバーが参加するとともに、さくら保育園の被害の実態を見学しました。その後も、東京保育問題研究会の仲間による原発地域のツアーや、仙台の仲間によるツアーが企画されて、原発問題への認識を深めました。

以上の活動のうち、保育に関わる物資については、各地保育問題研究会から直接送っていただきました。それ以外に、物置、防災ずきん、放送機器、蚊帳、エプロン等の全国事務局から送った物資と被災地への義捐金は、全国から事務局に届けられた支援金を使用しました。この義捐金は、北海道、北海道・帯広、北海道・江別、山形・鶴岡、東京、神奈川、松本、静岡、静岡・富士、静岡・浜松、愛知、京都、大阪、岡山、広島、愛媛の各地保育問題研究会、会員から送られたものです。保育ボランティアの派遣経費については、京都保育問題研究会と東京保育問題研究会が特別予算を立てて支出していただきました。

なぜ保育問題研究会は支援活動に取り組むのか

はしがきでも述べたように、保育問題研究会は、これまでもさまざまな困難に立ち向かいながら活動を発展させてきました。戦前からの保育問題研究会の歴史は、第五〇回全国集会のシンポジウム、パネル展示に見られるように復興の歴史でもありました。このような保育問題研究会の積極的な姿勢は、保育問題研究会創設の理念が体現している姿であると言えます。保育問題研究会は、城戸幡太郎が設立趣旨で語っているように、子どもたち一人ひとりの能力を育てる場合にも、社会協力の精神を不踏まえながら人格発達を促すことを目指しています。子どもたちに社会協力の精神を育てようとする場合に、私たちおとなも、その精神の体現者でなければなりません。私たちが関係している保育の世界において困難が生じているときに、問題解決に率先して取り組むおとなの姿勢を子どもたちに示したいものです。戦争中に疎開保育をしていた保育問題研究会の先輩たちは、戦後の焼け野原の中で、何も無い所から保育を出発させました。一九五九年の伊勢湾台風のときには、東京から保育者が送られて保育所づくりを始めました。一九九五年の阪神・

淡路大震災のときには、保育運動の中心的な役割を兵庫保育問題研究会の仲間たちが担い、震災の二年後には全国集会を開き、不滅の姿勢を示しました。大きな困難を抱えつつも、さまざまな人たちとのつながりの中で、保育が展開されて、研究運動を発展させてきました。

東日本大震災では、どんな支援活動が求められているのか

大震災が発生して、支援活動を考えるときに、真っ先に浮かんだ活動は、伊勢湾台風時の「レンガの子どもたち」の実践でした。避難所生活を続ける子どもたちのために、ヤジエセツルメントの託児活動に東京保育問題研究会の保育者、原田嘉美子さんと河本ふじ江さんが派遣されて保育を発展させていきました。

今回もこのような活動が必要だったのでしょうか。戦後、急速な保育運動の発展の中で、現在では、全国隅々で子どもたちが保育園で生活しています。三陸海岸から仙台平野、福島の海岸部まで、どこにでも保育園があり、大震災時には、保育者たちが子どもたちの命を守るために懸命の努力をして被害を食い止めました。避難所に移ってからは、避難所のお世話をするとともに、あそびコーナーをつくって子どもたちを見守ったり、紙芝居の読み聞かせをしたり、一時保育をしたりしてきました。たとえ、津波や地震で園舎の使用が不可能になっても、子どもたちに寄り添う保育者がどの地域にも存在しました。このようなことから、保育関係における支援活動は、「レンガの子どもたち」のような直接的に保育園づくりに取り組むというよりは、今ある保育園、保育者に必要な支援は何かという点から取り組みの内容を決定していくべきでしょう。例えば、

南三陸町の場合には、もっとも保育園の再開が遅れた地域でした。保育者たちは、自分の家が被災を受けているにもかかわらず、場合によっては、身内が亡くなったり行方不明であっても、避難所での活動に没頭していました。被災した地域においても、子どもたちの保育の場は確保されなければなりません。被災したおとなたちには、事態を打開するための多くの活動が必要です。支援物資の仕分けなどの活動をしながらも、保育者たちは早く保育を再開したいという願いがありました。このようなタイミングのときに、志津川保育所とつながりができて、保育にかかわる物資を各地保育問題研究会から送っていただきました。山形での全国集会では、南三陸町の佐藤仁町長から感謝のお手紙もいただきました。

現在の被災地支援の活動は、現地の保育園・保育者を励まし、サポートする「後方支援」的な活動が中心になると思われます。

保育ボランティアに取り組むことの意義

休暇が取りやすい夏の時期に保育ボランティアに取り組み、現在も進行中です。震災以降、自分のことも放り出して働いている保育者の方々に休んでいただこうというねらいを持った呼びかけでした。四月から保育を再開している亘理町からは、受け入れを了承する返事が返ってきましたが、南三陸町の志津川保育所からは、受け入れていただけませんでした。六月に入って保育が始まったばかりで、三園からの合同保育で子どもたちも保育者も落ち着かない状況であること、休暇を取って休むよりは、子どもたちを保育する方が気持ちが落ち着くという、思ってもみない理由でした。それぞれの地域の被災状況、保育者たちの心持ちによって、支援活動の内容を変えていくことが必要であることがわかりました。南三陸町については、ホテル観洋の保育室、マリンパルに保育ボランティアを受け入れていただき、現在も進行しています。

保育ボランティアには、どのような意義があったのでしょうか。保育園側にとっては、ボランティアに入ってもらって、ちょっとの休暇を取るということもありますが、見知らぬ人たちが保育に入るという気苦労もあるはずです。亘理町立荒浜保育所の所長、鈴木由美子さんからは、「そういうこともあるが、自分たちと違う保育を見られることは勉強になるし、何よりも被災地に関心を持ってもらえることが嬉しい」と言っていただけました。

ボランティアに入った、私たちの方には、学ぶことが大でした。感謝されたことが嬉しいだけでなく、保育の原点を確認できることです。保育とは、子どもの命を守り育てる営みであること、そのために、日頃からの緊急時対応の訓練が重要であること、保育とは家庭や地域との連携の中で営まれるものであることが、ボランティアに入ることでより一層理解することができました。

全国的な規模で活動が展開されている保育問題研究会ではありますが、地方に行けば知られているわけではありません。今回の活動を通して、保育問題研究会の存在を知ってもらえたことは大きな収穫であり、今後の交流の糸口になると思われます。

今後も、支援活動を通して交流を深めるとともに、災害時における保育の実践的課題を明らかにしていきたいと考えます。

II

私たちは地震・津波時にどう行動したか

インタビュー 1

東日本大震災を語る
亘理町立保育所のその日・それから

語り手　鈴木由美子・聞き手・まとめ　鈴木牧夫

はじめに

全国保問研では、「目に見える支援をしたい」という会員の要望を受けて被災地の保育園・幼稚園と各地保問研をつなぐ役割を果たして、支援活動を展開してきました。仙台平野の南に位置する亘理町荒浜地区には仙台保問研の創設にかかわった菊地映子さんが住んでおられ、彼女の家も津波に流されてしまいました。亘理高校の体育館で避難所生活をしていた菊地さんの協力で亘理町の保育所とつながりができ、被災地が必要とする支援物資を送り、夏以降は保育ボランティアも派遣してきました。亘理町では、荒浜保育所と吉田保育所の二ヵ所が津波で流されてしまいましたが、両保育所とも適切な緊急時避難によって、保育中の子どもの安全を確保することができました。今回のインタビューや座談会では、大震災において保育園が果たした役割を明らかにするとともに、緊急時避難のあり方についても考えていきたいと思います。

インタビューは、鈴木牧夫が二〇一一年九月以降三回程荒浜保育所にうかがって、鈴木由美子所長と赤間幸子主任に対して行いました。鈴木所長が一回目のインタビュー後に「はじめて津波の話ができました」とおっしゃったことが印象的でした。

このインタビューの後に行われた座談会（後半にまとめ掲載）という名の食事会の様子は、仙台保問研の三浦和恵さんのお世話で、二〇一二年六月一六日に荒浜保育所と吉田保育所の保育士さんたちと仙台保問研の会員が集まって、行われたものです。これまでのインタビューと座談会の様子をできるだけ生の声を活かす形でまとめてみました。

鈴木由美子さんが語る～地震発生時の保育所の様子～

鈴木由美子所長

二日前にも地震が

実は、三月一一日の大震災の二日前にも震度四の地震がありました。このときにも、荒浜保育所では、避難先に指定している荒浜中学校に避難しています。中学校からは、「どうしたのっしゃ（どうしたのですか？）」と怪訝そうに言われてしまったのですが、津波が来ないとしても、訓練になるのだからと避難しています。

中学校はその日、入学試験の発表があって、てんやわんやだったようです。私（鈴木所長）は、隣町の日用品の店に行っていましたが、その店では放送もせずに、店員だけが逃げていました。

このときは、主任の幸子先生の誘導で中学校に避難しました。小さい子が先頭部隊だったので、先頭のリーダーの保育士が「子どもたちが寒いので、玄関に入っていいですか?」と聞くと、「ここに入ることになっているの?」と聞かれました。「海の近くの方お逃げください」という放送もあったので、黒電話で役場に確認したい旨を話して、職員室に行って黒電話をお借りしました。福祉課に電話をかけて「注意報が出ていたので、中学校まで避難しましたが、戻りますね」と報告し保育所に戻りました。

このような緊急時避難のときに誰がリーダーとなるかという話し合いを保育所ではしていました。未満児の正職が一人しかいない。三人の中、正職は一番若く、リードをとるのが難しかったので、正職、臨時関係なしということで、その場にいた一番「年増」の人がリードをとることにしようと言うと、「年増でなく、年長者にしましょう」「命を守るのに、正職、臨時は関係ない。経験を積んでいる人がリードをとりましょう」という意見も出て「その場で、自分と思う人が手をあげて、自分たちの責任で逃げていいと、指示を待っているより、絶対、早く逃げた方が良い」ということになりました。

津波が来なかったら、訓練と思えば良い。所長がいなくても、指示がなくてもその場にいた職員間で判断して逃げる、人数確認は、叫ぶなりどんな手段でも良いから報告しよう、と確認しました。

この後、避難する場所は中学校であることを確認しました。町の福祉課に話をして、教育委員会に確認を取りました。このことによって、避難体制が確認されて、大震災当日には、中学校の先生が、交差点まで出て誘導してくれて、無事に三階の美術室まで避難できました。二日前に実地の避難訓練ができて、私らはついていたと思います。

大地震発生

地震が来たとき、未満児の寝ているところに、保育士が三人。〇歳が六人、一、二歳が九人。所長が未満児の部屋に走って、主任が三歳以上児の部屋へ行って、「みんないますか」と言ったら、大きな声で「います、います」と保育士が言って、無事を確認しました。

緊急時には、避難の確認のベルを鳴らすことになっていますが、ベルを鳴らすどころではないし、大きな揺れを共有しているのでベルを鳴らす意味もありません。非常ベルを鳴らしたら、子どもたちはもっと動揺したのではないでしょうか。マニュアル通りにはならないことがわかりました。

〇歳が六人、保育士二人。一、二歳児、一緒に二歳児のクラスに寝ていて、九人＋五人、職員が三人。対面式

荒浜保育所の玄関

の乳母車（イエロータクシー）二台にそれぞれ四人乗り、おんぶもして未満児全員、移動を完了させました。未満児の保育士さんたちにも責任を持って行ってくれと話しました。

三歳以上児については、五歳児の部屋に三、四歳児が寝ていて、四歳児の部屋にも子どもがいて（起きかけの子ども）二、三名の子ども、フリーの保育士が一人いました。五歳児は三歳の部屋で休息する子、静かにあそぶ子と各自が自由にすごしていました。ホールにも五歳児二名と用務員の人がいました。この用務員の佐藤さんが掃除をしながら五歳の子どもが起きてくるので手伝いをしていました。

五歳児の部屋では、子どもたちを部屋の真ん中に集めてブルーシートを被せました。子どもたちは枕元に靴をおいて寝る、パジャマは素肌の上に着る、着替え袋は枕にして寝ていました。夏は臭くて大丈夫なの、という声もありましたが、トイレに行っても靴を枕元においていて、習慣づいていました。

五歳児は、部屋の真ん中に集めて、ブルーシートの中に上靴とパジャマを投げ入れて、そこで着替えさせて、防寒着は廊下に吊るしてあるので、抱えて投げ入れました。子どももバラバラになっているので、連携をとって点呼をして、第一避難場所の園庭に一〇分で避難し、第二避難場所（児童館門）にはそれから五分で避難し、荒浜中学校には、地震発生後二五分で到着しました。しっかり連携がとれていたと思います（図1）。

地震のときのブルーシートの使用はどうなのかと思いました。天井には扇風機もあるし、蛍光灯もある。ブルーシートで危険を回避できるだろうかと思いました。三歳児は、部屋にテーブルがあるので、テーブルに頭を入れることができます。五歳児は、テーブルに頭を入れたのはいいのですが、大きく長い地震でテーブルごと動いてしまい、保育士はテーブルが動くのを押さえて、手がいっぱいでした。

津波が来ることがなぜわかったか？

今までテレビがなかったので、三歳児の部屋にテレビをつけることになって、電器店がテレビを置いていきました。亘理保育所の用務員さんにテレビのセットをしてもらい線がつながって画面が出てきたときに地震が起きたのです。そこでは、石巻に津波が来ると言っています。隣の荒浜児童館の方は、一日早くテレビのセットができていて、地震直後にテレビをつけると、何十メートルの津波が来る、というので、びっくりして、児童館の職員が拡声器を持って、「所長先生、津波が来るよ」と言って、廊下を走ってきました。児童館の情報も入るし、保育所で映したテレビの情報もあり、強い地震もあったし、避難することにし

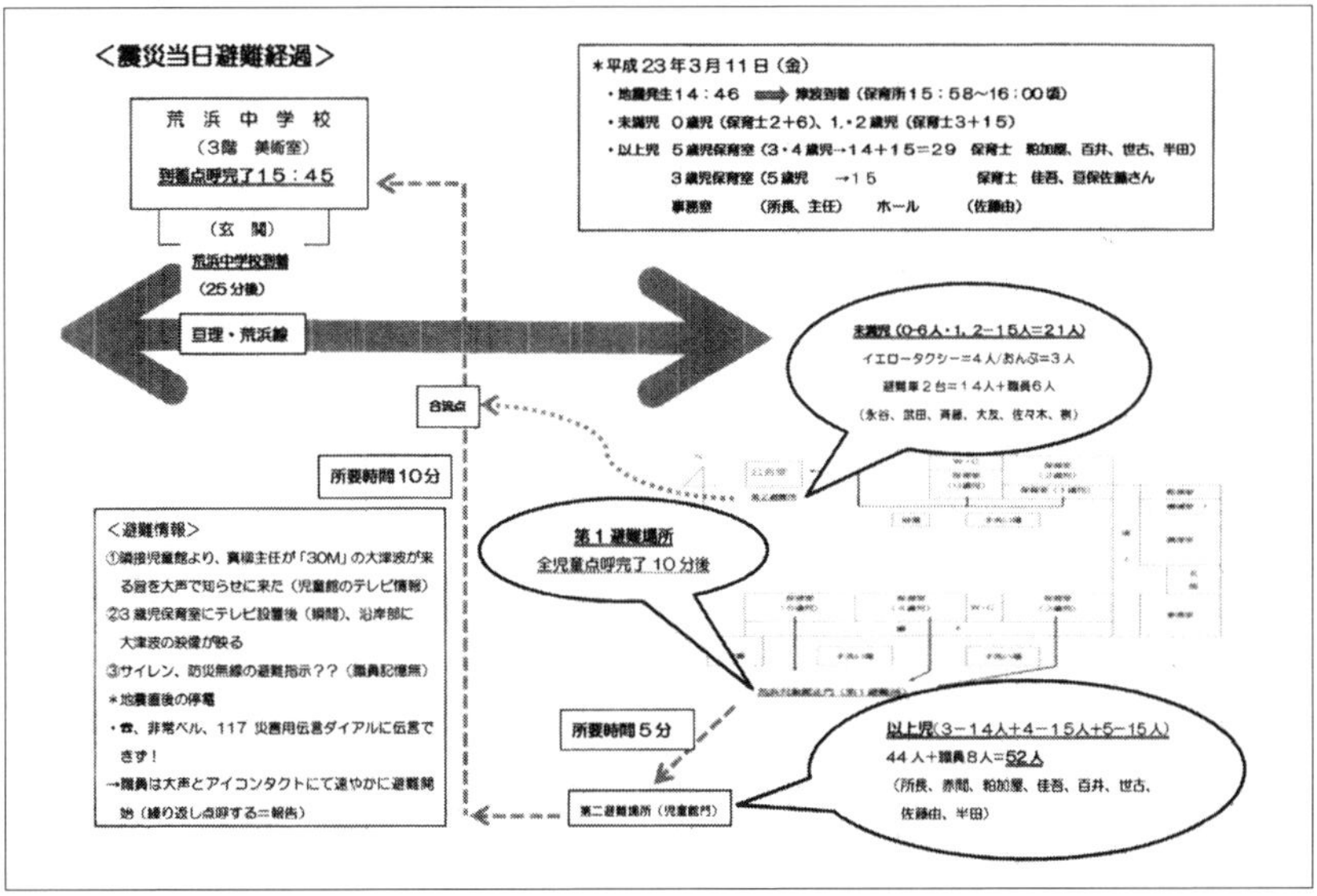

図1　震災当日の避難経過

たわけです。並大抵でない津波が来るということで逃げるという判断をしました。

防災警報は、隣の公会堂についているので、放送がウウーンと鳴っているので、「みんな何を言っているか聞こえた?」と聞いたら聞こえていないのですね。無線の内容がどうこうというよりは、とにかく逃げることで必死でした。

隣町の山元町では、幼稚園の子ども、保育所の子どもが亡くなっていますが、津波情報が入らなかったようです。無線放送が鳴ったところと鳴らなかったところがあり、連絡で地域を回っていた人が亡くなっています。テレビをつけたり、ラジオを聞いたりと、のんびりしているときではなかったので、偶然ですが、「ついていた」と思います。

地震は長く感じました。二分数十秒だったそうです。その後も、余震が何回も来て、逃げる最中も余震が来ていました。

津波が来てから救助が来るまで

最終的には、保育所は中学校でなく、ちょっと遠くにある小学校に逃げることになっていますが、小学校に逃げていたら、全員亡くなっていたかもしれません。町の防災訓練は、小学校に集まってやっています。小学校の体育館を作ったときにそうなりました。体育館に避難していたら、今回は助からなかったと思います。あんな高い

保育所の園庭

津波が来るとは誰も考えていませんでした。

　中学校に避難して、役場に連絡を取ろうとして一階に行きましたが、電話も携帯も通じず、電気も止まっていて、校長先生と「報告は無理ですね。安全に逃げて来たんだから良いですね」と話し、三階に戻ろうとするときに二階から阿武隈川の土手の方を見ると、土手よりも何倍も高い黒い水の柱が見え、びっくりして三階に戻り「津波来たよ」と言うと、窓側にいた人たちも騒いでいました。こっちから来る津波（土手の方から）よりもこっちの方（保育所の方から）が遅いんですよね。漁協の市場の方から来るのが遅かった。市場の方の津波は遅くて、寒い空気とモヤみたいで、バリ、と家が壊れる音がしてグググと押し流されました。

　津波が来るとき、子どもたちに津波を見せないように身体で覆いました。まもなく、三階のすれすれのテラスを水がチャプチャプと波打っていました。中学校が動いているように感じました。家が建っている中でつぎつぎと家が壊されて流されて、家の屋根が動いて、家と家がぶつかり、屋根が落ちてきたり、その次に大きな船が家の上を壊しながら流れてきます。誰かが船に乗って流れているのかと思えました。

　中学校の二階の天井まで水が来ているので、三階のテラスに来ると、下が海という状態のところで一晩すごしました。

　私たちが逃げたのは美術室でした。そこに一四七名の人がいました。一晩すごした荒浜保育所の関係者は、七三名（職員、保護者、子どもたち含めて）。

　被災前の荒浜保育所の子どもの数は、七四名。大震災の日は、一名欠席で七三名。職員は、一九名ですが、その日は一七名。子ども一五名は保育所で保護者に引き渡していましたので、五八名で逃げました。中学校に着いたとき、途中で保護者に引き渡して帰った子どもがいて、荒浜中学校時点では四七名になっています。

その後、中学校にお迎えが来て、最終的に保護者に引き渡しできなかった子どもは一一名でした。

中学校の美術室でも誰がいるのかわからなくなるので、私らの職員が紙に、名前と年齢と行政区を書いてもらいました。美術室の出入りのときにチェックしてもらいました。

安否確認のため、絶えずメモを取ってきました。こういうときには、紙と鉛筆が最も役に立ちました。

中学校で一晩すごす

一一日は、連絡も来ないし、自衛隊も来ず、私たちがどうなっているのか、亘理町がどうなっているのかもわかりませんでした。電灯がつかず真っ暗で、携帯の電気も消えてしまいました。中学校が五〇キロ走のときに使う誘導灯を大量に保管していたので、先生がそれを入口二ヵ所に立ててくれました。それから中にも一本入れて、子どもがトイレに行くとき、誘導灯を職員

荒浜中学校

が持って、「トイレ行く人」と、トイレに一緒に連れて行きました。

翌日午前五時、六時になったときにバババと音がして、自衛隊の救援が始まったようでしたが、中学校に食べ物は配られませんでした。

水が飲めない状況の中で、中学校の先生が、スポーツドリンクを薄めてくれました。先生から「ミルクないときは、クリームパウダーでもだめー?」と聞かれましたが、赤ちゃんにはクリームパウダーはだめなので「ミルクありませんか?」と、部屋の人たちに聞くと、観光で来ていた子どもがいる若夫婦が「試供品でも良ければ」と、ミルク缶と哺乳瓶までも提供してくれました。

アルコールランプはありませんでしたが、炭を探してきて、炭をおこして、真っ黒な鍋を使って、水をわかし、それでミルクをつくりました。それを中学校の先生が何回もやってくれて、お茶を薄めたり、スポーツドリンクを薄めたりしたのを交替して子どもたちに飲ませました。

防災グッズは一階に置いてあったために使えませんでした。水が少し引いて、次の日の朝、下に行って、スポーツドリンクのスティックを持ってきました。

保育所の子どもがいるということで子どもをもつ親が美術室に集まってきました。妊娠五ヵ月の妊婦さんが出血してしまい、保育所から持参した幼児用のおむつを裂いて、あてたりしました。その後あの妊婦さんがどうなったかお会いしていません。

中学校に泊まって、子どもたちはおなかがすいたのに、状況がわかっているので泣きませんでした。寒くなって、カーテンを外して、カーテンを巻いて、男性保育士や卒園生の子どもたちに段ボールを探してもらい段ボールを床に敷いて、そこに座りました。また中学校の先生がブルーマットを探してくれて、それを敷いたりして、部屋が少しは暖かくなりました。

真っ暗になっても、母親が来ない一一人の子どもでさえ泣きませんでした。主任が探してきた削り節を子どもたちにあげたり、散歩用にとっていた金平糖が避難バッグに入っていたので食べさせました。

深夜一時、二時頃になると、寒さと緊張で、三、四人が吐き出して、トイレに連れて行ったり、抱っこしてあげたりしました。吐かれても着替えもありません。着の身着のままで逃げてきたので鞄もありません。悠長に持ち物を準備していたら死んでいたでしょう。

地域の顔が見える保育園であることを自覚

地域の人の顔を覚えているということが大事でした。

マニュアルだと保護者への引き渡し、第一避難場所、第二避難場所と決まっていますが、マニュアル通りではなく、引き渡して逃げた方には、ここに留まるかどうかは保護者の選択として、子どもを保護者に引き渡しました。そのとき誰に渡したかは、常に確認しました。

私（鈴木所長）が地元の荒浜地区に住んでいるので、地域の人の顔が見える状況が常にあって、地域とのつながりができていました。これからの課題として、地域の顔が見える保育園ということが大事だと思います。避難所では、おばあちゃんたちには助けてもらえたし、励まされた面がありました。

職員たちは、保護者と関係づくりを意識的にやってきました。苦情があれば、その都度話し合っていたし、送るときには、「パーマかけてめんこいこと」とか「お父さん、機嫌いいこと」とか話しかけてきました。お父さん、お母さんを観察しておくことは大切だし、反対に自分たちも見られています。

避難にふさわしい保育所の規模

保育所の規模は、この規模で良かったと実感します。保育所は六〇人定員が一番良いかな。荒浜は、六〇人定員で、一割増し二割増しで、一〇月までは、七五、七六になりました。最高で七八まで増えたことがあります。ただいま五〇人で、仮設保育所に三三人で、亘理保育所に八と九で一七人います。大規模になるほど、危機管理は難しくなるので、六〇人くらいの保育所があって、職員とお母さんたちと、地域の人がつながって、それが子どもにとっても、職員にとっても、親にとっても良いと思います。

命を守るという点から言えば六〇名規模の保育所が理想だと思います。

避難バッグに何が入っているか

避難バッグは三つあり、毎月チェックしています。乾パン、金平糖、お裁縫道具、おむつ、ビスケット、マスク、ストッキング、チェック表、ペン、鉛筆、消しゴム、カッター、ペンは出なくなるので、鉛筆は必要。寒いとき毛布が必要ですが、かさ張るので、非常用の毛布二枚くらい入っています。名簿はラミネートがかかっていて、雨が降っても、一枚一枚バラバラにして連絡できるようにしています。ストッキングは、止血するときにも役立ちます。

他にはラップフィルム。水物でも、ラップを敷くと漏れず必需品です。メモ帳、主任は人数確認を常にしていました。紙と鉛筆、頭で覚えておくではなく、書いておく。何時何分、人数を書いたり、どういう状況になっているとか。書いておかないと、頭にはとどめておけません。二重三重にチェックしました。電話対応で、何時何分、誰のどんな電話だったかを常に書いています。最低三人に伝えておくか、書き留めておくことという習慣。震災後は、保護者との連絡を取り合うために、携帯電話の料金がすごくかかりました。平均、二、三万ですか。

それから以前なら、保育中に携帯を持つなんて、と言っていましたが、今は「携帯ぶら下げている?」が合い言葉。携帯がないと何もできません、安否確認も、親への連絡も。連絡網は個人情報のことがあるので、今はなく、メール配信もしていないので、家庭調査表一冊を持って逃げたことで、担当の連絡表づくりに三日かかりました。

ヘリコプターで岩沼市民会館へ

次の日、主任と保育士を三名つけて、一一名の親に引き渡していない子ども、荒浜中学校にいた小さい子ども、体調の悪いお年寄りを優先して避難を開始しました。

屋上から一一人くらい運べるヘリコプターで。子ども一一名とおとな四

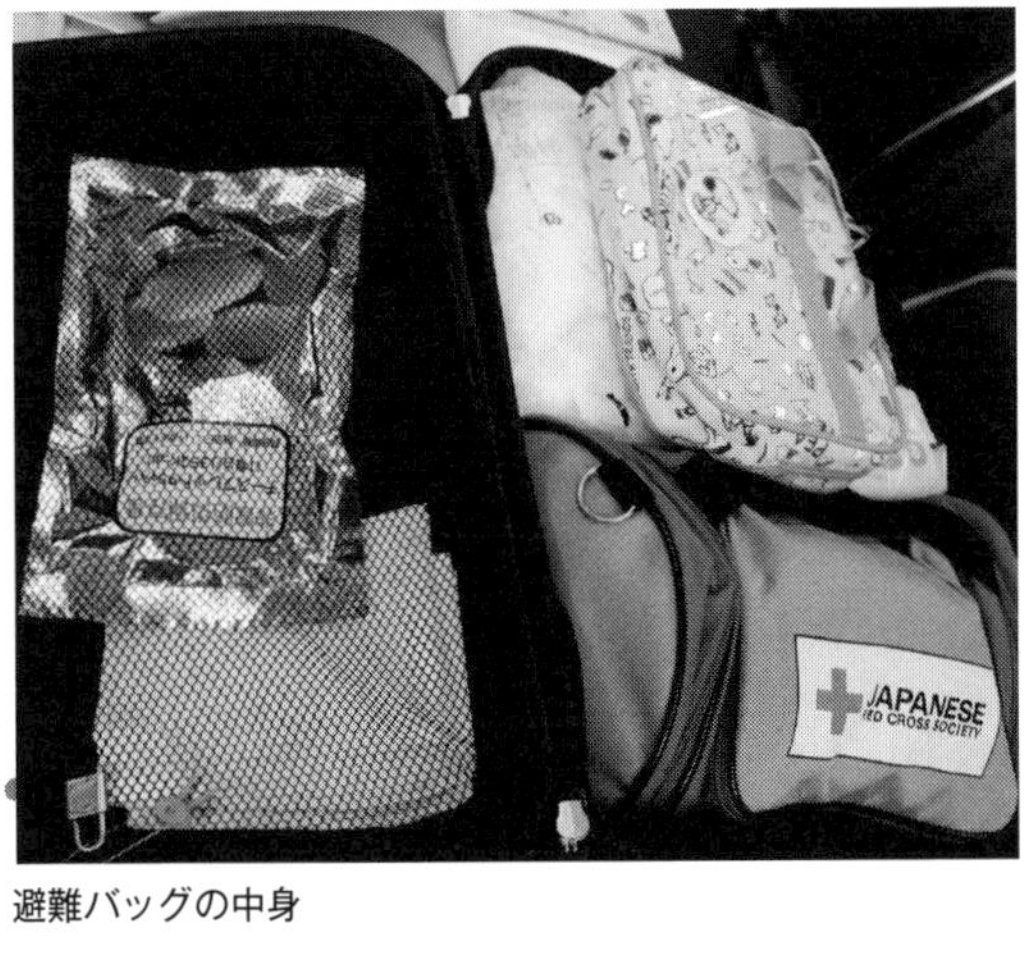

避難バッグの中身

名くらいは一回で行けるということで、二回目くらいに行きました。一回目は身体の悪い人が行きました。次にうちの職員と子どもたちが行き、その次に、親子連れがだんだん行きましたが、その日は全員は避難できずに、私たちは残りました。

岩沼に行った子どもたちと保育士たち、そこも大変でした。正職二名をつけてもらって、臨職一人、主任のあわせて四人。ヘリコプターの風圧がすごく、必死でつかんで、乗せて、折り返して子どもを連れて。着いた所が岩沼市民会館でした。

お年寄りが泥だらけで転がっていたり、戦争中のような雰囲気で、最初に与えられた所がだだっぴろい寒い部屋でした。そこですごすしかないということで、あるものをお借りして、その後、シアタールームのような所をお借りしましたが、そこにもいっぱい人が入っていました。

おにぎりを五〇個いただきました。そのときみんな群がって来ましたが、子ども優先ということで何も食べていないお年寄りたちもその場から去って行きました。

多くの人が岩沼市民会館へ避難したことで、中学校は六〇名くらいに減りました。一四〇名いた部屋がゆうゆう寝られるようになって、真ん中に段ボールを敷き、高齢の人はそこに寝てもらいました。毛布が何枚か届けられて、一枚を三人くらいでかけて寝ました。

お年寄りは寝ましたが、保育士は起きていました。夜になって、認知症のおばあちゃんが「あいづが、おれをいじめる」と騒ぎ出すので、その方をなだめたり、トイレに案内したり、また具合の悪い中学生が熱を出しガタガタふるえているので服を貸してやったり、毛布をかけてあげたり世話をしました。

次の日の朝におにぎりが来ました。たぶん自衛隊から届いたのだと思いますが、冷たいおにぎりでしたが、何日ぶりだったので、おいしく感じました。

ヘリコプターで人を運んでいましたが、次の日は晴れたので、ボートでも運びました。その後、途中から歩くなどして、陸を使って逃げた方もいます。あまり水が来ていないところまでボートで行き、途中から歩くとか、小学校から大橋あたりまでヘリコプターで行って、そこから歩くとか。何パターンかあったようです。

亘理高校の避難所へ

子どもたちも職員も亘理高校に避難しました。岩沼方面の職員は自宅待機になりました。着の身着のままの避難でした。

岩沼市民会館を撤去するときには、掃除をしてから帰りました。毛布などを市民会館に返して亘理高校に来ましたが、亘理高校では物資を備蓄していないため、支援物資で届くのを待つことになって大変でした。ふかふかの毛布があったり、薄いのがあったり、下に敷く布団をもらった人とか、保育士が管理する仕事として回ってきました。そこで、ずっと、一緒だったのが映子先生（菊地映子さん）で、「先生たちはがんばったんだから、もっと、自信を持っていいんだから」と言われましたが、お世話は大変でした。自分たちが避難しながら、避難者のお世話活動をすることになったわけです。

保育士は子どもたちに教える術を知っているので、それをおとなにも応用できるんですね。並んでくださいと言うのも、ただ並んででくださいではなく「はーい、ここにいますよ」とか。保育士ならではの声かけの仕方なんですね。

私たちは走って歩く、手を挙げられればそこにいく、保育士って、生活の専門家なんですね。生活力があるから．ごしゃく（怒る）ときだって、「じいちゃん、一人二枚ね」なんて言うと、説得力があります。保育士って、どこか違うのかもしれないと思いました。お医者さんに避難している人が質問したいときは、先生のところに「こっちだよ」って案内したりするのは保育士です。気配りができるわけです。

このようなことが、地域住民として見ていた映子先生から「自信もって良いでしょう、頑張ったでしょう」と評価されました。

町の職員たちには、布団もありませんでした。シャンプーもできず、一〇日も頭を洗えませんでした。車も流されてないので帰れませんでした。仮眠を取りながら、ろうそくを置く役、ストーブを焚く役、ストーブも時間が来たら消してくださいという役をこなしました。「つめてください」と言うと、「荷物ある」など言われながら、「おじいちゃん、運んであげるから」など言いながらつめてもらいました。そういうことは、保育士はうまかったですね。

ライフラインの復活は、電気は一週間くらい経ってから、亘理高校はプールに水を溜めていたので、トイレ用の水をプールから運んでいました。たらいなどを集めてきたのも私たちでした。鹿島保育所や亘理保育所から夏場に使う足洗い槽を持ってきて、プールの水を溜め、バケツに入れて、最初は自分たちでやっていましたが、具合の悪い人たちの対応で仕事が増えてきました。また支援物資が送られてきて、服のきれいなものも、汚いものも、それを分けたり、サイズを分けてやったりする仕事も増えてきました、水物を運ぶ、支援物資を運ぶ、仕分けする、箱に入れてしまう、見えるところれと交換してくれと要望が出るので「一回もらったものはダメですよ」と説得する必要が出てきて、そういう役割が私たちにどんどん増えてきました。何でも屋になったわけです。

その中でも保護者に三月三〇日までは休みにするという件とか、連絡先を連絡したり、保育の状況はこうですとか、安否確認、行政区ごとに分けるなどの仕事も私たちがやりました。

吉田地区はこっちとか三角をつけたり、インデックスを張ったり、主任の幸子先生は、吉田地区がわかるし、役場の人よりも、私たちの方が人がわかる。保育士は保育している家族がわかる。私だと教えた子がおばちゃんになっていて、警察官になりました、といって来たりした。長瀞地区は、区長さんが担当したり、人探しがスムーズにできた。保育士がほとんど担当していたと自負しています。

風呂の案内も保育士がマイクを持って、アナウンスをかける。亡くなった人の遺体を確認するためのバスの案内とか、時間を見えるように書くとか、保育士がやりました。亘理小学校に行った保育士さんの組も逢隈小学校に行った組もそういう対応をしていたんだと思います。

避難所で一番ほしかったものは何か

避難所はとても寒い所でした。地べたが段ボールだったので、ついたてをたてるようになったり、ストーブに鍋をかけ始めて、カップ麺を食べるようになると、その匂いがして、「俺たちだって」と、他の人もお湯を使いたいとなります。そういうときは、統制をかける役を保育士がやりました。その役は保育士がうまい、あたりさわりなく親と対応する技術を学んでいる。「おじいちゃん、こういうことやると、みんな、やりたくなるっちゃ、時間守ってもらって」など言って、トラブルを回避しました。

雑魚寝状態で、しきりは最後までありませんでした。そういう中で、文句を言われながらも、行政区ごとに区割りをし、トイレ掃除など私たちがやっていたことを、行政区ごとの当番にしたりして少しずつ変えていきました。

朝六時に起きて体操をするとか、中学生が新聞配りの当番をするようにもなりました。古新聞を置く所を決めたり、一番大事なのが、携帯の充電、予約券をつくって、時間を決めて配布して、機種ごとに、充電器もメーカーごとにテープをつけてわかるようにして、一目瞭然。後、お風呂券、繰り返し使えるように段ボールを貼って、回収して、また使えるようにして。

八〇〇人の生活です。関係づくりとか関係の

亘理高校の避難所

調整とか、そういう仕事が大事になってきました。

おばあちゃんたちは、寝てばかりいることになり、支援物資ももらえる量が増えてくる、すると溜め込む人が出てきたり、いない人の分まで取っていったり、苦情も出てきます。しかし支援物資なので、一人何名様と言っても、その人が嘘ついても禁止はできない、という枠の中で、余ったものは「ご自由にどうぞ」というコーナーもつくったりしました。

使い捨てカイロも余るほどいっぱいくるようになりました。子どもたちが五人くらいで小さいのをあさっていたので「何してるの?」と聞くと、使い捨てカイロを二四時間、それを発泡スチロールに貼り、そこにもらったおにぎりを入れておくと温かいと言うのです。「えらい、頭良いね」とほめました。

次の日の学校へおにぎりを持っていくときに、少しでも温かい方が良いという取り組みです。子どもたちはたくましいなと思いました。「じいちゃんの分、ばあちゃんの分と、小さい男の子が、皆の分だとたくさんかかえていく姿を見ると「絶対生き残れる」とたくましさを感じました。

スナック菓子などがおかずのように配られました。おにぎりとチョコレート菓子がデザートというようでした。温かいものがない、おかずがないと、カップ麺をお汁にしました。それなので、塩分の取りすぎのようになります。ポットのお湯をわかし、一回終わったら後ろに回るように話したりもしました。「このポットでカップ麺六回分しかとれないから、一回一個だよ」と話したりもしました。

四月四日から保育を再開するので、四月二日までお世話しました。保育の担当者は早くにあがって、亘理高校勤務から鹿島保育所に変わり、保育士を撤収させることになりましたが、保育士がいなくなると大変なので、半分の職員確保のため、保育を再開していない荒浜保育所の保育士は、最後まで避難所にいることになりました。

キッズコーナーの開設

お年寄りもいるので、子どものコーナーを作ろうとキッズコーナーを三日目に始めました。子どもを集めて、名前も子どもたちに聞いて、キッズコーナーという名前にしました。段ボールで囲いを作り、ブロックは中学校の校長先生からいただいて、カセットテープだったり、ラジオを置いたりして、コーナーを設けました。絵本を持ってきたのは、鹿島保育所の保育士さんでした。

保育の再開（四月四日から）

四月二日が入所式で、四日からの保育再開のときには、荒浜保育所の子どもは、鹿島保育所で保育を受けました。子どもの数は、一一人で、五月九日まで保育を受けました。一一人をクラスごとに入れて、そこに子どもが一人でも入れば、保育士を一人ずつつけると

キッズコーナー

いう体制によって、子どもたちも安心してすごせました。臨時保育士は優先的に保育に入ってもらい就労を確保できたので、四名の正規の職員が亘理高校の避難所勤務で頑張りました。

五月九日に、荒浜保育所の一、二歳は亘理保育所に入って、三歳以降が中央児童センターに入りました。

亘理保育所では、荒浜保育所の親・子どもが一緒にすごせるように（親と職員の要望）、一部屋確保したことで子どもも安定しました。

支援物資で、荒浜保育所の子どもが特別にもらえるものがあり、そういうときには遠慮なくもらうことができました。

亘理保育所で保育を受けていても、荒浜の子どもたちは、荒浜保育所に在籍しています。〇歳については、部屋もないので、亘理に移籍し、そのとき、正職一人が亘理に異動（転勤）しました。正職が減ったことで、パートさんの時間を長くしたり、自宅待機から復帰してもらいました。

仮設保育所のスタート（七月一一日）

現在仮設は三三名。保育者は、余分にいます。三歳児が八名に一人正職、四歳児が九名で正職が一人、五歳が一五名で一人、その他に八時間の臨職さんが一人。ほかの保育所では、規模が大きくなればなるほど、正職が少なくて、臨職が多くなります。小さい保育所は、ぎりぎり正職をこれ以上減らせないという状況です。荒浜は各年齢に一人正職が配置されていました。地域的にも、荒浜はおじいちゃん、おばあちゃんがいて、親が手をかけられない分を補ってくれます。

親と子のつどい

九月一七日に「親と子のつどい」を行いました。父親にはエプロンをしてもらって、豚煮込みうどんづくり（クッキング）。母親には、製作をしてもらいました。ほとんどの保護者が参加しました。これまで、行事への参加は低調でしたが、仮設住宅の困難な生活からか、おおいに盛り上がりました。「月一くらいであってもいいのですけど」と保護者から提案されたほどです。これ以降、面談をはじめました。

仮設住宅では、狭い所に大人数で生活するので、「騒ぐんすな、泣くんすな」だし、母親もストレスがたまっているので、「早くしなさい、ほんとに」と言っていました。騒ぐな、泣くな、と言われればますます子どもは泣くのですね。

仮設の状況がわかっているので、保育士は早く登園されても対応していました。保育士も被災し

仮設保育所

たが故に、被災の状況がわかる。保育時間など関係なく対応できるようになりました。ちょっと、遅れて迎えにきても、「お母さんいいよ、ただ、一言、電話もらえればいいね」というような対応になってきました。遅れてすぐに連絡というよりは、どうしたんだろうね、お買い物していたかな、というようになりました。職員に余裕が出てきたわけです。

吉田保育所について

吉田保育所と吉田児童クラブは、近くにある長瀞小学校の体育館に避難しました。入り口のぎりぎりまで水が上がってきて、体育館のマットなどで土手を作って水の搬入を防ぎました。入り口のほとんどが海と反対の山側にあったことが良かったのです。海側は壁が多くありました。逆だったら水が入ってきて危なかったと思います。最後まで誘導していた消防団の人はプールのフェンスの上まで登って逃げました。登ってから水はあっという間に近づいてきました。

体育館に避難した二日間おなかがすいたという子はいませんでした。二日目、津波の第二波が来るのではという情報から、歩いて避難できる線路までトラックが走れるよう準備をしている話を聞きました。準備ができたところで、小さな子ども、お年寄りの方からと早いうちにトラックに乗せてもらいました。線路を歩いての避難はデコボコ。線路の下は土が流され空洞になっていたりで、子どもたちにとっても、お年寄りの方にとっても大変な状況でした。デコボコの線路の上を三歳児以上は歩き、他はおんぶなどで避難しました。周りは人が浮いていたり、線路もぐちゃぐちゃなので、下ばかり見て歩いていたような気がします。途中で津波に流されながらも懸命に泳いでいるポニーを見て、子どもたちは、大変な状況にありながらも助かるように大きな声で応援してあげました。

線路を歩いたら、またトラックなどを乗り継いで津波の水のこなかった路面を見たときに、本当にほっとしました。

吉田保育所は、保育所の再開を待っている保護者が多くいました。四月四日の入所の集いは、亘理保育所と一緒にやりました。未満児を亘理保育所に入れて、三、四、五歳児を中央児童センターで保育しました（子育て支援室があった、それをやめて保育した）。

学童保育も荒浜、吉田、センターの子どもがセンター一ヵ所で保育を再開しました。

吉田保育所は、半壊だったので、当初、修繕して使用するという方針で泥出しや瓦礫の撤去を保育士さんたちが行いました。保育をしながらの仕事で荒浜以上に大変だったかもしれません。

結局は、建物を撤去することになり、現在は、更地になっています。

山沿いの吉田西児童館は、避難所として使われていましたが、皆さんにご協力していただいて別の避難所へ移動して、児童館に吉田保育所が入りました。

今年度に入って、荒浜保育所の鈴木所長が吉田保育所に移り、ユニセフの援助を受けて、仮設保育所を児童館の敷地内に仮設園舎を建設中です。

菊地映子さんについて~インタビューの後に~

鈴木牧夫

仙台保問研の創設者の一人である菊地映子さんは、荒浜・鳥の海からすぐの所に住んでいて、家は津波をかぶって、全壊しました。大地震・津波が来たときに、菊地映子さんは、自宅におり、津波が来るということで、車で近くの荒浜保育所に向かい、そして子どもたちと一緒に荒浜中学校に向かい、助かることができました。

次の日の夕方、自衛隊のヘリコプターで救出され、子どもたちとともに岩沼市民会館に避難します。その後、亘理高校の避難所に避難して、避難所の一角にキッズコーナーを設営して子どもたちを見守りました。現在は、高齢者の集まっている仮設住宅に住んで、ひとりぼっちにならないようにと、高齢者の集団づくりに取り組んでいます。

座談会の最後に「エイコセンセー」は、以下のように話しています。

荒浜保育所の子どもたちと行動をともにできたことは、私としては楽な感じで。避難したのに楽しませてもらいました。避難所に来てからは、保育士さんたちは大働きでね。新システムになって、公立が無くなってしまったら、どうなるか。災害が起きたときとか変わったことが起きたときに保育士さんたちが力になるわけだから。あと、保育所だってすぐに再建してもらえないと思うから。今回のようなことが起きたときに公立でないということは住民にとっては、非常にマイナスになることだから。何となく、公立の保育士さんて悪いような気してきたって最近見られるけれど、公立保育所がとっても大事ということがわかった。そういう意味では、私も多くのことを学ばせてもらいました。ありがとうございました。

荒浜保育所の所長（現在は、吉田保育所所長として、仮設保育所の建設にあたっている）鈴木由美子さんは、映子先生の前述の言葉を受けて、次のようにまとめました。

映子先生がずっとそばにいたことも私たちも助かった部分があるんです。私たちも不安だったんですけど、大先輩がいて、助けてもらえた。今、映子先生が褒めてくださったけど「あんたたちよく頑張っているね」と、差し入れをしてくれたり、普通の人が認めてくれる以上に同業者である映子先生が認めてくれることが私たちにも励みになったんでしょうね。「あんたたちがんばったね」と今になって言ってもらえることが、私たちが自信をもって前に進んでいける力になります。

菊地映子さん

東京の平塚幼稚園のボランティアに来てくださった方々の、子どもたちを集団としてまとめて引っ張っていくやり方などは、私らよりレベルが高いと思いました。それは職員同士感じていたし、見習うべき点も多くありました。今回、保育支援ということで入ってもらって、お互いがお互いを刺激し合って、お互いの保育を見直せたということは本当に良いことだと思います。こういうことがなければ、相手を知る機会にも出会えなかったと思います。民間の私立の先生たちがいろいろな物資を届けてくれたり、大丈夫ってお手紙をいただいた。私立の保育園・幼稚園から思いを強くいただけて、私立公立が交われたことは良かったと思います。また物置をいただいたり、いろいろ支援していただいたからこういうふうに頑張れたんだと思う。それもなかったら、気持ちもひねくれていたかも。どこからも支援がこなくてどうしたらいいの、と泣いてすごしていたのかな。

現在は、物資が行き届いていて、これからは精神面の支援なのでしょうか。これからも、どこかで交流していただける中で、少しでもクリアーしていきたいと思っています。支援していただいて、こういう機会をもっていただいて、ありがとうございました。

座談会のまとめ

座談会を振り返って、出席した仙台保問研の三浦和恵さんと丹野広子さんは以下のような感想を書いてくれました。

座談会を終えて　突然、被災者になって

三浦和恵

保問研の自分

自分が、被災地の状況を自分の目で見えるところにいたこと。被災した人たちの身近にいることの事実に、はじめは「何とかしなければ、何ができるのだろう」と焦り悩みながらも、自分のできる限りをしようと思いました。そのことで自分自身が動き出せるきっかけにも元気にもなれました。

しかし、突然、被災者と呼ばれるようになった人たちの、悲しさ、怒り、辛さ、厳しさの凄まじいおとなや子どもの状況をどう伝えていけるのか。あまりの大きさに、その手段を探ることにも右往左往し、たくさんの全国の人たちの励ましの気持ちと、被災地の人たちの気持ちと、どうつながっていけるのか、その時間ややりとりが、本当にこれでいいのか、誰もが答えが見えないことがとても苦く感じました。

更地にしか見えないと言った友人の言葉と、「一緒の気持ちにならないとできないこととは違う」という自分の思いを抱えながら、自分は何をしたいと思っているのだろうかと常に自分に問い続けながらすごしてきたのかもしれません。

それなのに相手から「何かしてほしいことや困っていることはありますか」を聞かれると、実は嫌になっていました。相手の温かい言葉にさえ、無理に考えさせられると感じてしまったり、疲れてできないと断ることなど傲慢なこともできなかったからです。

自分がしたいことがわからずに何もできないと感じている中で、安易に聞かれているように感じてしまう。わからないから苦しいのにと……。

でも同じことを南三陸町の佐藤さんにも、亘理町の岸田さんにも、自分が要求していなかっただろうか……。相手を思う気持ちではあったが、無理をさせてはいなかったかを考えるとすっきりしたものにはなりません。

津波の被災地と全国の温かい励ましとのはざ間にいて、本当はそばに来て、見てもらって、人の気持ちをわかってほしいと思ったりもします。それはなかなか難しいことです。全国の保問研の人たちに、自分の意見を伝えることは、緊張したり、勇気も必要ですが、自分が伝えたいと思ったことは、迷ったら話すことにしました。一緒にできることを見つけて、実践の中で考えていく、その経過ややり取りが保育なのだと学んできたのだから。

座談会に来てくれた人たち

座談会で、久しぶりに岸田さんと話せました。被災地の保育者として見たことや感じたことをしっかりとした口調で話してくれました。周りの保育者たちも、いろいろなことを語ってくれました。不思議と明るく和やかな時間でもありました。苦しい事実を皆が体験したからこそ、感情的にならないように、日々の中でいろいろな配慮をくぐってきたからなのだと感じました。

悲しい出来事がきっかけでしたが、こんなに熱く子どものことを思い、保育してきた集団と出会えました。所長の鈴木さんが「保育士は良い仕事だと伝えてほしい」と語っていました。その強さやすごさから私は学ばなければならないと思いました。

亘理町保育所との座談会をふりかえって

丹野広子

東日本大震災から一年三ヵ月あまりがすぎ、仙台の町中は震災の被害はほとんど見えないような状況になっています。しかし仙台も含め宮城県内の沿岸部は復興とはほど遠い、津波の傷跡が大きく残っています。ほとんど被害のなかった私たちの保育園ですが、子どもの祖父母や親戚などが被害を受けた方は少なからずおりました。父や従弟を亡くしたお母さんは一年がたつ頃に、懇談会で「いろいろなことがあった今、子どもは生きていてくれるだけでいいと思いました」と語ってくれました。時間がたつ中で話せるようになったのだと思いました。

亘理町の沿岸部の公立保育所の方々もこの時間の経過の中で振り返り、話せるようになったのだと思いました。子どもたちを守り、津波からヘリコプターで逃げ、避難所で夜をすごし、翌日は保護者の待っている避難所にさらに避難するとき、子どもたちをつれて線路を歩いて行ったこと、歩いて行くときに無事に生きていたポニーを、子どもたちが、「オウマシャンネ」と言ったことが、少し救いになったこと。自分自身も家や車を流され、ケガもしたなどすごい状況の中で子どもを守り、老いた両親を助けにいくなどの壮絶な体験を語ってくださいました。

その後の避難所では、自治体職員である保育士が住み慣れた地域の一員であることの力強さがいかんなく発揮されていることに、保育所の地域における役割の大きさを知らされたように思います。

「あそこの家も保母さん、その脇を行ったところも、あの辺は保母さん通りって言われてんの」という話に地域の中で生活しつながり、知り尽くしている力強さに圧倒されました。

地域の人や状況がわかってつながりがあること、日頃の保護者とのかかわりの中で培っている力は、被災しパニックになって家族を探している方への対応、避難所生活でストレスを抱えたお年寄りやさまざまな方たちへのかかわりなど、自らの被災も抱えながらしっかりと対応できる力のすごさを感じさせられました。

丹野広子さん

座談会で先生たちの壮絶な体験をくぐりぬけ本音で語り合う姿を目の当たりにして、たくましく明るく、この力はどこからくるのだろう、私も同じ状況になったときにできるのだろうかと……。

仙台は全国的に見ても待機児童が多い都市部でこの間民間保育園が拡大されてきました。私の保育園もその一つですが、今までの保育園での積み重ねられた保育を伝えていくには時間がかなり必要だと感じます。保育は一緒に学習しながら、やって見せて伝えられることが大きいと感じています。

今回の座談会で先生たちのやりとりを聞いて、津波を想定した避難訓練をずっと積み重ねてきたことが命を救い、ともに保育の経験を重ねてきた職員の層の厚さが職員集団の力を大きくして、非常事態を乗り切ることができたのだと思いました。

これから私たちができる支援はなにか、「忘れないでほしい」という願いに、私たちはこういうことがあったから、つながることができたことを今後も大切にして、私たちができる研修交流会のようなものを、亘理の先生たちの希望に沿った形で、楽しく行うことができないだろうかと考えています。

まとめ　保育の原点を再確認

鈴木牧夫

三浦さんの感想にあったように、つらい話題であるにもかかわらず、座談会は和やかな雰囲気で行われました。昨年の九月にインタビューを開始したときには、涙声になりながら話していただき、「はじめて震災の話をすることができました。こんな機会を若い保育士さんたちにももってもらいたい」と鈴木由美子さんから言われていて、やっと、その機会をもつことができました。つらい状況を協力しながら生き抜いてきた安堵感が充満していて、良い機会がもてたと感じています。

今回の震災は、あってはほしくないことだけれど、私たちに多くの学びを提供してくれました。まず第一に、保育とは、命を守り育てる営みであるという保育の原点を確認できたことです。日頃からの備えや避難訓練によって、海のすぐ近くにある保育所にもかかわらず保育中の子ども全員の命を守ることができました。避難中にもキッズルームを避難所につくったり、仮設保育所に移ってからは、ベランダをつくったり、給湯器を入れたり、コーナーを分けて年齢別の保育を行えるようにしたり、できる限りの工夫をしています。

荒浜保育所は、プレハブの粗末な建物ですが、今では、たくさんの人の心のこもったホットな保育園になっており、光輝いているように感じます。

保育士さんたちは、子どもの命を守るだけでなく、避難所では、場合によっては、自らが避難者であるにもかかわらず、お世話活動をしてきました。敷居も作れない狭いスペースで八百人もの人が生活することは混乱を極めます。そこで、保育士さんたちは、生活のルールをつくり、ガラクタを生活用品に変え、お世話をしています。このような状況で保育士さんがリーダー的な役割が果たせたということは、保育士とは、「集団生活をつくるプロ」であることを立証しています。

子どもたちの命を守りきった保育園に対して、家庭からは絶大な信頼が寄せられています。荒浜保育所の子どもたちのほとんどは仮設住宅で暮らしていて、六畳二間の狭い部屋で窮屈な暮らしをしています。親と子のつどいを月一回やってほしい、という切実な保護者の願いは、みんなで集まって楽しもう、育ち合おうという私たちがめざす保育です。保育園と家庭がつながり合うことの大切さをあらためて確認できました。

荒浜保育所や吉田保育所は、地域とのつながりが密接な所でした。所長の鈴木由美子さんは、荒浜地区に住んでおり、荒浜保育所への勤務は三度目だそうです。卒園生とも知り合いだし、老人たちとも知り合っています。公的機関の中で保育所は、もっとも地域とのつながりの深い施設です。鈴木由美子さんと菊地映子さんとの関係に見られるように危機に際して、地域のつながりが大きな力になっていることがわかります。田舎だからと言ってしまえば、それまでなのですが、今後の保育園や幼稚園のあり方を考えるうえで大切な視点を提供していると思います。

震災以来、「ガンバロー日本」とか「絆」というスローガンが飛び交い、政党のスローガンにまでなっていますが、私は、支援活動をしながらずっと違和感をもってすごしてきました。そうしたスローガンよりも、活動する中でつながりがつながりを生み、大きな力となることを実体験してきました。「つながりあう」という言葉こそふさわしい、この言葉を私は心に刻んでいます。

座談会出席者

2

シンポジウム

震災から学ぶ
命を守る保育現場の取り組み

コーディネーター　鈴木牧夫

シンポジスト　渡邉圭吾（宮城・亘理町立荒浜保育所）

高橋悦子（仙台市・乳銀杏保育園）

齋藤美智子・齋藤直美（福島市・さくら保育園）

小泉香世（東京保育問題研究会）

三・一一の大震災は、私たちに生きることの意味をあらためて問う事象でもありました。人は、困難な事態に遭遇したとき、自ずと声をかけ合い、助け合う共同的な存在であることを、被災した人たちは身をもって体験しました。社会全体も絆やガンバロウの言葉で被われて支え合う社会が息づいてきたかのように思われました。同時に大震災は日本の社会システムが脆弱なだけでなく、虚偽に満ちたものであることを赤裸々にして、改革の必要性を迫りました。

二年半経過した現在、被災地は、社会はどうなっているでしょうか。復興した東京でオリンピッ

ク開催を、一刻も早く原発再稼働を、原発を他国へ売り込もうと、社会は三・一一以前に逆戻りしたかのように見えてしまいます。実際には、福島では一五万人の人が避難生活を送り、津波地域でも復興の遅れが目立っています。希望を持とうとして活動すればするほど大きな問題が立ちはだかっていることが自覚されて絶望的な気分に襲われてしまいます。

以上の状況を踏まえて、鈴木由美子さんの講演では、あらためて亘理町立荒浜保育所が大震災・大津波をどう判断し行動したかを語っていただきます（内容は、1インタビュー参照）。子どもの命を守るためには日頃からの備え、避難訓練がいかに大切であるかが理解できるでしょう。本シンポジウムでは、あらためて大震災が何であったのか、被災地の現状はどうなっているのかを保育の現場から明らかにするとともに、大震災以降の保育現場の取り組みから何を学ぶことができるかを明らかにします。

大震災の惨状によって、私たちは一時言葉を失ってしまいました。被災の事実を語ろうとすると感情がこみ上げて言葉にならないのです。思い出すことさえ避けるPTSD（心的外傷後ストレス障害）状態に陥ってしまいました。二年経って、やっと、語れるようになった今、世間の関心は薄れつつあるように見えます。原発の危険性は何ら回避できていませんし、地震被害はこれからもどこで起きるかわかりません。日本全体が「明日は我が身」の状態のはずです。大震災を体験した私たちは、今こそ、この体験から学んだことを語り継ぐミッション（使命）があると思います。

シンポジストとして、五名の保育士に貴重な体験を語ってもらいます。渡邉圭吾さんは、津波被害から子どもたち全員を救い、亘理高校の避難所で最後まで地域住民のお世話をし、仮設保育所が始まってからは、子どもたち、保護者の精神的支柱の役割を果たしてきました。子どもたち、地域住民の命を守る保育所の役割について語ってもらいます。

高橋悦子さんは、仙台の中心部に保育園があり、津波被害からは免れましたが、背後にある園として、困難な中にあっても保育を続けて保護者の家庭を支えるだけでなく、被災地で障がい児を育てている家庭をも支えました。震災時における支援する立場の近隣の保育園の役割について語ってもらいます。

齋藤美智子さん、齋藤直美さんは、福島市の中では放射能汚染の被害が最も深刻な地域の保育園で、子どもたちと保護者の命と生活を守る取り組みを科学の力を使って行ってきました。目に見えない恐怖にどのように対応してきたのか、これまでの経緯を話していただきます。放射能汚染の問題は、被災地の問題にとどまらず全国的な課題でもあります。「科学的に恐れる」取り組みに学びたいと思います。

全国保問研では、被災地支援の活動を広範に取り組んできました。小泉香世さんは、南三陸町のマリンパル（ホテル観洋職場保育所）にたびたび出かけて、保育ボランティアとして支援活動を展開してきました。保育園への被災地支援のあり方を考えていきます。

心の復興を信じて

渡邉佳吾

三月一一日の東日本大震災。すさまじい揺れの中で子どもたちをテーブルの下に入れ、何度も「大丈夫だから」「先生がいるから」と声をかけたことを覚えています。地震の怖さで固まってしまう子、泣いてすがりつく子、どうして良いかわからず保育士の声を必死で聞いて動こうとする子の姿がありましたが、ブルーシートを広げ、その下で上靴を履かせてから避難を始めました。

保育所から荒浜中学校に避難し、ヘリコプターによる救出。移動した先の岩沼市民会館で、最後の子どもの引き渡しを終えたのが一三日の昼頃だったと思います。そこから、亘理高校へ移動し町職員として避難所の勤務になりました。避難所の中では、食料・物資等の配給、携帯電話の充電他、夜間は余震や地域の方々への対応として交代しながら仮眠をとりました。たくさんの出来事や支援がありましたが、同じ避難所にいた子どもたちとの触れ合い（キッズコーナー）や笑顔が私達、保育士の気持ちを支えてくれたように思います。

町内の施設に間借りしながら荒浜保育所は四月から保育を再開しました。今の仮設保育所に移ったのが七月一一日でした。たくさんのボランティアにお世話になりながら〝自分たちの保育所〟に戻って来られた事はとても嬉しく、何よりバラバラだった子どもたちが久しぶりに再会し「先生～！」と呼んでくれたときのあの笑顔は忘れられません。しかし、子どもの無邪気な表情に対して、保護者の中には体調を崩したり、精神的に不安定になる方も出てきました。また、そうした心の傷を負った子どもや親に対して何ができるかと私自身考え始めた頃でもありました。

仮設保育所では、一部屋をロッカーや衝立で区切って使用しています。三、四、五歳児が一緒に同じ活動をするときもあれば、それぞれの年齢にあわせて活動したり、集まって話を聞くときもあるわけです。同じ時間に、別々の話が始まると室内はとても賑やかになってしまうので、クラスの使い方や動線の確認は保育士間でも常に意識しました。少人数の荒浜保育所ならではというか、職員間の連携はとてもうまくできていると思います。

震災後、最初の一年間はたくさんの支援やイベントがあり、子どもたちも大喜びでしたが、次第に「ナニガモラエルノ？」という場面が見られるようになってきました。物を頂ける事はありがたいが、それが子どもたちにとって当たり前になってほしくないという職員の声も出始めるようになり、支援を受け入れる保育所側の事情も伝えなければという思いが強くなりました。

二年三ヵ月が経ち、あのとき二歳児クラスだった子どもたちも、今は保育所最年長の五歳児クラスとなりました。毎日元気に外でサッカーやドッジボール、ケイドロなどを楽しむ活発なクラスです。現在は、三歳未満児保育を受け入れなくなり、在籍も三五名となりましたが、子どもたちはみんな生き生きとすごしています。日々の生活の中で震災時の話が出ることは殆んどありませんが、避難訓練のときには毎回真剣に取り組む姿があります。声をかけられなくとも、すぐにテーブルの下に身を隠す子どもたちを見ていると、幼いなりに一所懸命自分の身を守ろうとする意志が感じられます。保育所にいる時間は保育士が母親・父親になったつもりで子どもたちの命を守り、安心して笑顔で保育所に来てもらいたい！　そんな思いを職員全員が大切にして、子どもや保護者の声を受け止めながら一緒に笑顔ですごしていきたいと思っています。

心の復興を信じて……！

震災後に果たした保育園の役割

高橋悦子

三月一一日の次の日は土曜日だったこともあり、朝七時に自衛隊職員のお子さんが一名登園したきりでした。前日に泊まった家族は自宅の片付けや仕事に出かけたので、泊まりこんだ職員たちが保育にあたったり、油や食糧の調達に並んだり、泊まっている家族の食事の用意などに奮闘しました。

月曜日になって園児の登園が予想以上に少ないことがわかりました。一九名と一時保育児が一名で二〇名でした。かなりの保護者が職場を失い自宅待機になったり安全な実家に帰ったりしたことがわかりました。保育園は避難所ではなくても、広い部屋があり、ミルクやオムツ、寝具なども用意しており、お年寄りや赤ちゃんを抱えた方には最適の避難所であると気づきました。次の朝にはポットにお湯を入れて近くの避難所に届けたり、何度か近くの避難所を回り保育園にどうぞと呼びかけたりしました。喜ばれましたが実際は移動する方はなかったので、出前保育も考えればよかったと思います。今回の経験から、震災時には保育園は地域の方を受け入れることが可能であり、必要だと思いました。

仙台市は保育の開所継続を優先に考えたいといっておりそれが本来の役割ですが、被災時にはとにかく不安なその数日安心してすごせる場所が必要であることを痛感しました。

震災後は多くて三〇数名、次の週になっても六割程度の出席でしたが、震災後すぐ近隣の無認可保育所二ヵ所の保護者の方から預けているところが被災し、直すまで保育が受けられない。一時保育で預かってほしいという電話がありました。そこで無認可の四家族を受け入れました。

また、福祉事務所から電話があり、近隣の町の未認可保育園で津波被害を受け、当日ヘリに救助されたというお子さんの保育依頼がありました。父子家庭で仙台に仕事に来ているということでしたので、すぐ受け入れました。

四月になってからも、近隣の被災地の方や福島から仙台の実家に来たという方のお子さんを受け入れました。

大震災では多くの家族が悲惨な状況になりましたが、五月に受け入れたK君家族もそうでした。近隣の市で被災したK君は、市内の障害児通園施設に入園が決まっていました。三月の震災で父親は仕事をなくして精神的に変調をきたすようになり、母親もそうした背景から気持の不安定さが続き、実家の仙台にK君と二人で来ているということでした。祖母に付き添われて、K君と母親が福祉事務所から紹介されたとやって来ました。

不安そうな母親の様子を見て、今K君を受け入れK君と離れてすごす時間が必要だと判断しました。K君が少しずつ新しい人や環境に慣れていけるように、担当職員と話し合い週三回の半日利用としました。母親はとても緊張している表情なので、担当も丁寧にかかわり、園長も母親の様子に合わせて声かけをし、必要に応じて面談もして保育園での様子とこれからのことについて話し合ってきました。

K君については個別にかかわることを基本に他の子どもたちと楽しむことも少しずつ取り入れてきました。事務室のおもちゃであそぶこともK君にとっては楽しみになり、食後は事務室ですごすこともありました。同年齢の幼児組へあそびに行くことも経験しながら、これであそびたいというK君の思いが少しずつ広がっていくのがわかりました。このような目覚ましい変化がお母さんにとっても喜びとなり、日増しに表情が良くなっていきました。お母さんはお父さんのいるところでもう一度やり直したいという気持ちがあったので、通うことになっていた通園施設にもK君と電車で通う練習をして、二ヵ月たつころには自信を取り戻していきました。その後K君は、通園施設に通うようになりました。

私たちはK君親子が安定してすごせる方向へ援助することができたのですが、ここで断っていたら大変な事態になっていたと思われます。

一時保育を実施していてよかったと思ったことと、市町村の枠を超えての受け入れだったことで対応に悩んだり気持の負担があったことも事実でした。

非常時にはこのような対応も必要ではないかと考えています。

あれから二年四ヵ月がすぎて

齋藤美智子

もうすぐ夏祭りです。「今年は、外でお祭りやりたい！」という声が保護者から出てきました。放射能被害による「時間制限有り」の外あそびの時期から見たら、夢のよう。保護者会やクラス懇談会で話し合い、外ですることになりました。

「ホタルがいっぱいですよ。見に来ませんか?」と地域の方からおさそいがきました。園近くの花見山周辺は、ホタルもいっぱいの自然豊かなところです。しかし、ホタルのいる小川に行くには、線量の高い遊歩道を通らないと行けません。除染は、施設、民家レベルでされ、道路は仮置き場が整備されないため、進んでいません。

いまだに避難生活を続けている人たちは一五万人もいます。原発の事故は収束していません。事故現場にしても、損害賠償についても、何一つ片づいていません。めっきり、報道自体も全国版では少なくなっています。この上、再稼働の流れが進むのでしょうか。福島では、毎日の生活に追われながらも、将来への不安をもたずに暮らしている人はいません。震災からの日々をカウントしながら、これからも暮らしていくのです。

低線量被ばくという世界的にも初めての体験のなかで、「不安」について追及しても何も出てきません。まずは、不鮮明、不明確なものに振り回されないこと。そのためにも、信頼できる専門家から放射能について学ぶこと。今まで大事にされてきた保育・子育ての科学、実践に自信を持ち、進めること。いずれも職員集団として、保護者を巻き込みながら進めたいと思ってきました。園運営、保護者との関係づくり、職員集団としての育ちなど、今までもあった課題に、明らかにプラスされた大変さです。「あんなことでもなかったら、こんなことすることなかったのに、すべて無駄なことですよね。ほんとにたいへんですね」と言われます。ほんとにその通り。でも、なぜか「ほんとにそればかり?」という気持ちになってきました。ここに住み続ける者として、これからも付き合わざるを得ない環境なのです。

「保育実践を進めるために、できないことを嘆くばかりではなく、子どもたちのために何ができるのかを考えていきたい」「職員一人ひとりが主体的に実践をつくり上げていくこと」というのが職員集団として大事にしたいことです。

「私たちにできることは何か」という視点が大事

齋藤直美

私はクラスでの保育の実践についてお話しします。福島市の渡利地域は市内でも放射線量の高い地域です。小さい子を持つ親の不安は計り知れません。二〇一一年度に私が担任した三歳児クラスでも避難する家族を送ってきました。私は、昨年度から〇歳児クラスを担任しています。震災当時担任していた幼児クラスとでは、また違った配慮や工夫が求められると感じています。

例えば、幼児ならば石に触らないとか砂に触らないということを頭で理解することができますが、乳児は言葉では理解できないのでおとなが配慮しながらあそぶことになります。

昨年度、当時一歳になったばかりのI君は初めて靴を履いてきてくれました。はじめは慎重に靴を引き摺り下ろして歩いていたI君でしたが、日が経つにつれて，慣れてくるとそれまでつながれていた手を離して歩きたくなってきました。一人で歩けるようになったことがうれしいI君にあちこち探索しながら歩かせたいのですが、途中で地面の砂を触ったり葉っぱを拾ったり、転ぶこともあります。その頃は砂あそびが再開されていなかったので、基本的には遊具以外にはどこにも触らないであそばせようとする現実との間で、I君が歩きたいとか探索したいという発達要求をどう保障するかを考えました。地域除染はまだまだ進んでおらず以前のように地域を散歩することができません。外の空気を吸うだけで気分が変わるし、子どもたちは外あそびが大好きなのに、本当にこれでよいのか、そこで次の手だてを考えて実践しました。

外でダメなら「部屋の中で作戦」でした。子どもたちが一番長くすごす時間である保育室の環境を見直すことにしました。まず、身体を動かしてあそぶためのスペースを動スペースとし、おもちゃなどを出してあそぶ中スペース、手指のおもちゃや絵本を見る静かなスペースとままごとコーナーの大きく四つに分けました。このようなコーナーづくりは震災以前からやってきたことですが、今の子どもたちに経験させたいあそびを考え、新しいおもちゃをつくったりコーナーの配置を考え直しました。一番大事にしたのは、身体を動かす広いスペースで、はいはいやよちよち歩きを十分に行えるようにすることと、日常的にのぼったりくぐったりまたいだりつかまったりよじ上ったり段差を超えたり、など身のこなしができるものを設置しました。

さくら保育園には広いホールがあります。どこまでもはいはいをしたり、乳児が活動するには十分なスペースです。しかし、私たちが感じていることは、いくら広いスペースがあっても、平坦な何の障害物もないピカピカの床の上では、これまで園庭や散歩先で経験したものを補えないということです。雨上がりのでこぼこ道や草地、土手の斜面に砂利道、何回も転びながらやっとバランスをとって歩けるようになり、虫を見つけてはしゃがみ、花を見つけてはまたしゃがみ込み、そうやってあそぶ中で身につけてきた筋力や体力、身のこなしがあります。自然と同じようにはできないかもしれませんが、時々遊具を設置してあそぶということだけでなく、日常的に部屋の中でそういう身のこなしができるようにと考えた結果です。他にも砂あそびができなかったので春雨や小麦粉などの感触あそびを意識的に取り入れてきました。

今年度からは、プランターに市販の土を入れて野菜栽培を行い、収穫し、放射線量を測定してから食べたり、クラスの保護者からもらったカブトムシの幼虫を育てたり、年中児が園外保育で見つけてくれたダンゴムシの飼育をしています。ゴールデンウィークに職員が遠出先で石ころを拾ってきたので、線量を測って園庭にまいたりもしました。砂利の上を歩かせる経験をさせようとしたのですが、庭にまくと少量にしかならなくて、たちまちごちそうごっこのイチゴや団子として使われました。

現在は、園庭の改造も思案中です。今年の秋から散歩に出かけられないかということで、お昼の時間に保育者が線量計を持って、散歩コースの線量を測りました。後日、安斎（育郎）先生たちの協力もあって、かなり詳しい線量マップができたので、そのデータを参考にしながら、どこになら出かけられそうか、勉強会をしたり、保護者の意見を聞きながら現在検討中です。

はじめは、散歩もできないとか山のぼりもできない、前はよかったと、怒りにも似た感情で嘆いていましたが、あれもできないこれもできないではなく、私たちにできることは何かという視点に立ち返り、限られた環境の中で子どもたちの発達をいかに保障していくかということを大事にしながら保育を進めてきました。

子どもは待っていてくれません。震災後、一週間で生まれたYちゃんは二歳五ヵ月になりました。園庭を走り回り言葉もたくさん出てきておしゃべりが楽しい時期です。子どもにとっては大きな二年半です。私たちおとなはその子たちのために未来を切り開いていかなければなりません。日々の保育はもちろんのこと、震災以来変わってしまった福島の今を広く伝えていくことも大事だと思っています。

多くの人たちの支援に感謝しつつ、これからも福島の保育の現場で頑張っていきたいと思います。

保育ボランティアから考える

小泉香世

震災の現実をテレビで見ながら何もできない自分が歯がゆかったのです。自分には何ができるかと自問していました。周りの男の人たちはボランティアで力仕事ができるのに、私には何もできない。支援に行った人たちからは、そのうちあなたの出番があるからと言われました。そして保問研を通して、支援の場が見つかりました。

ボランティアの仕方も難しいと思います。厚かましくなったり、押し付けになったり、相手に気を使わせてしまったり、どういうふうにかかわっていいのかは、何回行ってもわからないことが多くあります。

なぜ、何回も同じ所に行ったのかというと、帰る時に「また来るからね」と言ったら、小学生の子が「うそ」と言ったんですね。ここにボランティアが何人も来て一回限りで帰っていったんだろうと思いました。かかわっているときは楽しくて、だけれどわかれは必ずあって、子どもたちに寂しい想いを何度もさせていることに気づいたのです。それはよくないと思って、半分意地になって「絶対来るから」と言って、再び行くことになりました。

昨日も行くと、前に行ったときにいた子たちが、名前を覚えてくれていて「あっ小泉さんだ、あそぼう」と言ってくれて、こちらの方が嬉しかったし有り難く思いました。

大変なことがあって、その後にも大変な事態が続いている人たちの支えになることは難しい、大きいことはできないけれど、行くに連れて、先生たちが普段言わないことを語ってくれたり、子どもたちも、今度親戚のおじさんのお葬式なんだよ、とかぼろっと語ってくれるようになりました。話してくれて、聞いてあげるだけでいいかな、一緒にいることで安心感を持てればよいのかな、とも思います。

保問研のボランティアの人たちと話をすると、感情的なボランティアだけではダメだよね、という意見が出ました。そのへんが保問研だと思います。子どもの育ちなどを考えて、実践を一緒に行うことが、保問研だからできることだと思います。

被災地へのいろいろな誤解もあって、頭にくることを言う人もいますが、ボランティアに行っている私たちが現実を正確に伝えることも役割かな、と思います。

この厳しい現実から落ち込んだり傷ついてしまうだけでなく、たくましさと知恵を身につけて、この経験があったからこそたくましい子どもに育ってほしいと願っています。そのために一緒に実践研究をしていきたいと思います。

まとめ

鈴木牧夫

これまでの支援に感謝しつつ、被災地から震災体験を語り継ごうとして今回の夏季セミナーは企画されました。そこから見えてきたことは、第一に、保育の原点とは、「命を守ること」であり、「保護者・地域とつながり合う」ことの大切さでした。今回のシンポジストのいずれからも、この原点を確認できました。荒浜保育所では、適切な判断と避難誘導によって、すべての子どもたちの命を守ることによって、保護者・町住民から絶大な信頼を得ることができましたし、避難所におけるお世話でも先頭に立って行ってきました。

さくら保育園では、放射能という見えない恐怖との闘いにおいて、科学者の協力を得ながら科学の力で子どもたちを守ってきました。

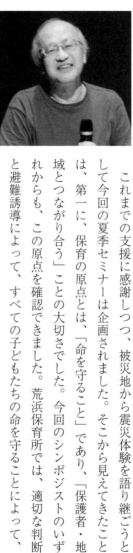

津波地域の背後にある乳銀杏保育園においては、自治体・制度の枠を超えて保育園を必要とする家族や子どもたちを積極的に受け入れてきました。該当する自治体は、これを認めてはいませんが、今後、緊急時対応の一つとして位置づけていくことが必要でしょう。避難先としては、保育園は小さなスペースですが、事例に見られるような気になる子どもや発達障害児にとっては、情緒を安定させる場所としてふさわしいと考えられます。

第二に、震災によって制限された環境に追いやられながらも、保育所では保育の工夫が凝らされていることです。この力こそが、悪条件にもかかわらず日本の保育の質を高める要因になっているものです。荒浜保育所では、他の地域に先駆けて仮設保育所を設置しましたが、三五人もの三～五歳児の子どもが一部屋で生活することは大変な状況であることに変わりありません。仮設住宅で窮屈な想いをしている子どもたちに、保育園での、のびのびした活動をどう保障していくか工夫が求められました。建築家たちや学生たちの支援でベランダをつくったり、部屋をロッカーなどで仕切りを入れて、クラスごとの活動ができるようにしたり、近くの公園を園庭にして静と動の活動をつくり上げてきました。

さくら保育園では、園庭や園外保育が不可能であれば、部屋の空間を最大限に活かす取り組みを行っています。環境構成を工夫して、ダイナミックな活動を子どもたちの身のこなしを考えてつくり上げたり、放射能汚染の心配のない自然を部屋に持ち込んで、自然体験を保障したりしています。

現在では、散歩コースの放射線量を測定して、散歩を実施するところまで進んでいます。このような営みは、新たな保育の創造と言えるものでしょう。

第三に、被災地支援のあり方についての提起がありました。保問研では、目に見える支援をしたいという会員の要求を実現するために、被災地との独自のパイプをつくって活動してきました。南三陸町、石巻市、亘理町、山元町、福島市の保育園とつながりをつくって、各地保問研に支援をお願いしてきました。その活動は、現在も継続中です。

震災から半年経った頃から、保問研では、支援ではなく、保育交流をしようと取り組むようにしています。支援する→支援を受ける、という一方向の関係ではなく、交流という双方向の関係

をつくり上げることこそが保問研の活動にはふさわしいと考えます。

保育ボランティアとして、多くの会員が保育園に入りました。小泉さんの報告に見られるように、私たちは、被災地の保育園から多くのことを学び取ることができました。一回限りのボランティアで終わるのではなく、継続して訪問してこそ、つながりあえて、被災した人たちの心の拠り所にもなれることを学びました。

第四に、被災地域間の復興格差とでもいうような問題が生じています。このことは、フロアー発言をしていただいた小幡（幸拓）さんの指摘からも言えることです。亘理町のように、以前の地域に平成二七年度までには戻って、保育園も新築するという所もあれば、津波地域の活用が未決定だったり、復興住宅が定まっていない所もあります。原発地域などは帰還の見通しさえ持てない状況です。人が住む所には必ず保育所が必要です。それは、子どもの安全が保障される所でなければなりません。希望が持てる政策を早急につくり上げることが必要です。

第五に、今回の企画を速やかにつくり、成功に導いてくれた仙台保問研に感謝したいと思います。仙台保問研は、二〇一一年六月、第五〇回全国保問研・山形集会に際しても、一五〇名以上の参加で、集会を成功に導いてくれました。今回も短い準備期間にもかかわらず、生活綴方の伝統を保育に活かすことを考えるにふさわしい機会であるとして、エネルギーあふれる三〇名の保育者による荒馬を踊ってくれました。それは、震災の中で鬱積していたエネルギーの爆発（昇華）とも言えるものでした。仙台保問研の、今後の活動が楽しみです。

3 幼子の命を確実に守る営みを日常保育に
宮城県山元町立東保育所の被災事例から学ぶこと

野呂アイ

はじめに

亘理郡山元町は東北の湘南地方と言われるほど温暖な土地であり、海岸沿いには別荘もあった。砂地が広がり畑作に適する土地だったので、私事ながら、定年後の楽しみに家族で一〇年程通い、それなりの収穫があった。あの二〇一一年三月一一日の大震災までは。

間もなく一〇年目を迎える東日本大震災後、山元町の復興もほどほどに進められ、被災者転居地「つばめの杜」を磁場に、山下第二小学校に隣接して保育所は合併新築された。町全体は縮小傾向で、かつての別荘地や県道沿いの沿岸部の土地には置き去りのままが多い。全員校内で無事だった中浜小学校は遺構として保存されることになったが、東保育所の建物は解体された（二〇一三年三月）。

町立東保育所は太平洋側海岸線から一・五キロメートル内陸にあって、ＪＲ常磐線山下駅より西側に伸びた道路沿いに位置し、町作成のハザードマップの津波浸水予測区域外にあった。

当時、〇歳~六歳まで合計六七名（定員六四）の園児が在籍し、所長、主任の他保育士六名、臨時保育士四名の他に、調理師、用務員各一名の体制であった。当日は六二名出席、保育士一名が休暇中だったが地震後遅参した。

当東保育所被災事件の経過を諸資料により確認し、問題の所在を明らかにしながら、防災を含む保育の課題を提起したい。

問題の所在　七二二分の一の悲劇とは

大震災により岩手、宮城、福島三県で被災した保育所（園）数は七二二ヵ所に上り、保育園児の犠牲は不明を含めて一〇〇名を超えている。帰宅途中に、また自宅や地域での犠牲は多いが、保育中の犠牲は唯一、山元町東保育所のみ園児三名であった（二〇一一・一〇・四河北新報）。

宮城県内の幼稚園では、石巻市の私立日和幼稚園児五名、山元町の私立ふじ幼稚園児六名と教諭二名が保育中（園の送迎バス内）の犠牲となっている。幼稚園においては裁判を経て園と遺族側で和解がなされた。保育所の遺族たちと山元町との間での説明会は二〇一一年四月二七日から九月三〇日まで一一回行われたが、町から十分な説明がないとして二遺族は、同年一一月一四日に仙台地方裁判所へ提訴した。一審判決は遺族の控訴を棄却（二〇一四年三月二四日）、一遺族は和解したが、残る一遺族の鈴木あけみさんは仙台高等裁判所へ控訴し棄却（二〇一五年三月二〇日）、さらに最高裁判所への上告も一六年二月一七日に退けられた（二〇一六・二・二〇河北新報）。

1●地震発生後の経過

一四：四六　地震発生：震度六強、Ｍ九・〇三陸沖。

［町役場］震度六強を計測、災害対策本部設置。

［保育所］宮城県沖地震よりも長く大きく感じた。園児午睡後でその場で身の安全確保。

一四：四九　気象庁が大津波警報を発令、予想される津波の高さ六メートル。

［役場］避難指示発令。広報車出動、通信途絶える。

［保育所］所長の指示で園児ら園庭に避難。シート、布団などで寒さ対応、おにぎり食す。

一五：一四　第二次大津波警報、津波の高さ一〇メートル、テレビで釜石市の被害映す。

［役場］防災行政無線が整備不良により鳴らない。

［保育所］迎えの保護者へ引渡し。停電、情報入手困難。所長指示で保育士一名が役場へ。

一五：二五
［役場］消防署へ避難指示放送を要請。途中、同保育士はカーラジオで一〇メートルという大津波警報を確認。

総務課長「現状待機で」の指示。同保育士は「現状待機」の指示を三回念押し確認。

一五：三〇　第三次大津波警報
［保育所］指示を受けた所長と職員たちは園児たちとそのまま園庭にて待機。迎えに来た保護者に名簿を確認し、順次園児の引き渡しをすると共に、他の保護者への連絡を取った。

一五：四二　岩沼市東部で津波被害、消防車が山元町南部漁港で二・五メートルの引き波を確認。

一五：五四　名取川河口で津波が遡上し住宅被害の報道。
一五：五五　消防署員が山元町新浜区で津波第一波確認。
［保育所］園児一三名、保育士ら職員一四名待機続行。
一五：五七　警察無線に「大津波襲来」の入電。
一五：五九　防災車から津波が県道相馬亘理線まで到達の無線連絡を本部で受信。
一六：〇四　津波が常磐線より西側に進行、保育所の真南まで到達。
［保育所］津波襲来：保育士が園庭南東の方から約八〇メートル先に津波を発見、所長の逃げてという声で慌てて一斉に西側駐車場へ走った。
全員が駐車場へ行き、待機中の園児一三名は保育士及び保護者の自家用車一〇台に分乗し避難を開始した。

2●避難への対応

最初に避難を開始した三台（①園児三名、保育士一名、②園児〇名、保育士一名、③園児一名、所長、保育士一名と調理員一名）の車両は、津波との遭遇を回避して役場保健センターへ避難できた。④四台目以降は津波に進路を拒まれ脱出できなかった。④四台目には園児一名、保育士三名、近くの店の二階へ避難し一晩をすごす。⑤五台目に園児一名、保育士二名、民家の二階へ避難し一晩をすごす。⑥六台目の保護者のワゴン車に園児五名、主任保育士一名、保護者一名乗る。犠牲となった園児三名以外は、西側駐車場の南側にある愛広館二階へ避難した。⑦七台目の保護者の車に乗った園児二名、保護者二名も愛広館二階へ避難し一晩すごす。⑧八台目　⑨九台目　⑩一〇台目には各保育士一名のみで民家の二階へ避難し一晩すごした。

犠牲となった園児は、六歳六ヵ月女児（三・一二発見）、六歳八ヵ月男児（三・一四発見）、二歳一〇ヵ月男児（四・一六発見）であった。

3●裁判で問われた内容

上告審弁護団の草場裕之弁護士及び佐藤由麻弁護士のまとめた資料によると、争点とその判決の内容等は三点になる。（一）

① 発災後、町（災害対策本部事務局長）には「避難指示をください」と訴える保育士に対し「現状待機」という指示を出した点について「安全配慮義務違反」に当たるか。

（一審）保育所は県が作成していたハザードマップでは避難指示対象区域（予想浸水域）外に位置しており、指示を出した時点では、想定を超えて保育所にまで津波が到達し得る危険性を予見することはできなかった、として避難指示を出す義務はないとした。

（控訴審）一般論としては、保育施設設置者には園児の生命保持を図るための高度な注意義務があるとした。また、地震発生後の町の情報収集は明らかに不十分であったとした。しかし、結論としては、仮に情報収集していても、保育所まで津波が到達することは予見できなかったとして、義務を否定した。

② 保育士らに園児らを安全に避難させる義務があったか。

（一審・控訴審とも）町と同様、保育所の情報収集は不十分であったとしつつ、仮に情報収集していたとしても、保育所まで津波が到達することを予見できなかったから、避難させる義務はないとした。三番目に発進した所長は他の職員や園児たちの避難を見届けていないところはあるにしても、津波が目前に迫り園児一人と職員一人を同乗させて自ら運転者となる行動はやむを得ないこと、六番目のワゴン車は大きく多くの人数が乗車でき、保育所の前の西側道路に最も近い場所に駅道路を向いて駐車しており、園児が乗りやすく、発車しやすい場所に位置していた。一旦発車した後保育所駐車場に戻って津波に遭った。

③ 避難の際一人の保育士が一人の園児につくなど適切な方法で避難する義務があったか

（一審・控訴審とも）津波が迫っている状況では速やかに園児と共に津波から遠ざかることが求められ、一人につき一人が誘導する等の方法で避難すべき安全配慮義務はない、とした。

一審・控訴審とも損害賠償請求は認めず、最高裁は実質的審理に入ることなく、上告を棄却し確定した（二〇一六・二・一七）。

4●遺族の思い

裁判が終了した二〇一六年二月二一日に日和幼稚園遺族の会が主催する集いで、東保育所遺族の鈴木あけみさんは発題者として参加し、遺族の思いを次のように伝えた。（抜粋）

将宏のおかげで自分が初めて必要とされたと思う。……仕事を終え、園庭に迎えに行くと、息子は「ママー！」と言って遠くから走ってきて満面の笑みで抱きついてきた。部屋に迎えに行くと、驚くほどの速さで片付けをして、保育士たちに頭を下げ「さよなら！」と元気良く挨拶をして帰ってきた。迎えに行ったとき、子どもの元気な顔を見ることが何よりの願いであり、保育所に期待する事だった。

あの日も適切な判断で行動してくれるものと思っていた。あり得ない最悪の結果である。苦しかっただろう、怖かっただろう、冷たかっただろう……。

温かいお風呂につかると、きまって息子の最期を思う。息子が、冷たくて汚い水にのまれて死んだのに生き残った親が、お湯に浸かって申し訳ないと思う。息子を失った後、絶望感でいっぱいで、もう生きていられないと思った。……半年後、訴訟を起こし、弁護士に一任することになり、自分の戒めと思ったが、裁判をすることによって周りの目も変わっていった。時間の経過とともに孤独が深まっていったと思う。裁判の苦しみよりも、息子に永久に会えないことが苦しかった。

……帰ってくるはずのない息子を待ちながら、あの出来事を納得できず、なぜ安全なはずの保育所で、保育士の助けもなく、流されて亡くなったのか？　と考え続けている。……息子を育てる役割を失くし、生きる気力がなく、荒れた生活、明日のことが考えられないその日暮らしである。とても人間の生活とは言えない。人と会いたくないし、話をしたくない。外に出れば幸せそうな親子が目に入る。その場に倒れこんで泣き出したい気分になる。……息子ができない事を、自分がやらなければという思いで、今、生きている。(二)

第七一回日本保育学会（二〇一八年五月一二日）・東日本大震災特別企画における話題提供に際しての資料には、次のような問題点（違和感）が指摘されている。

〈町役場・保育所の防災対策について〉

・役場は防災無線の老朽化による機能停止のまま情報不能にしていた。
・所長は停電前にテレビで津波警報を確認したが、その後の行動に生かさなかった。
・乾電池がないためラジカセが使えず。一四台の車のテレビ、ラジオ等での情報を収集せず。
・保育士が役場へ指示を仰ぎに行った時間に一〇メートルの津波情報がすでに入っていたのに、総務課長は「現状待機で」を指示。保育士が念を押して確認したが、変わらず。
（裁判では「現状待機」と言ったのかの質問に対して「言っておりません」と答え、再度問われて、「覚えておりません」と答えた。）
・所長は役場からの指示に従い避難せず。津波が見えてからようやく役場へ避難開始。
・現状待機をする覚悟があるなら、寒空の中、外で一時間待機するのではなく、車に乗り込んで待機をすれば良かったのではないか。
・役場の指示に従うだけで、現場職員の意見交換なし。

〈避難に際して〉

・避難時に職員の車でなく、居合わせた民間人（保護者）のワゴン車に子どもたちを乗せた。
三人の子どもを残して、ワゴン車のドアは開けっ放しだった。
・所長と担任は子ども全員の安全確認をせずに先頭グループに混ざって逃げた。
・指示がなくても、受け持ちの子どもくらいは守ろうとしてほしい。
・一四人の保育所職員は一三人の子どもを一人ずつ守れるはず。
・迎えに行ったところ、「将宏君、何処にいったか、わからないんです」

保育所の職員たちは車に乗って立ち去り、役場で仕事開始。

〈事後の対応について〉

・四十九日前日の町による説明会まで説明なし。

・説明会では、「現状待機」で紛糾。総務課長は「記憶がない」と発言。宮城県へ報告せず（指摘されてから三ヵ月後に報告）。

・総務課長と所長は診断書を提出し、長期休養（五月中旬）。

・鈴木将宏発見後、通報しても放置。翌日再通報して安置所に運ばれた。その理由を尋ねたら「訴訟する人に答えられません」が返事。

・裁判で町が勝訴したことを、公共の放送・りんごラジオで「お陰様で裁判に勝ちました！」と報道している。

この事故は東保育所の問題だけでなく、保育施設全体の問題として考えなければ、七二二分の一と稀な事案であっても事故は防げないと思う。死亡事故の要因を分析し事故防止策を検討できる体制を作っていただき、今一度、組織の危機管理意識を見直してほしいと思います。

息子はたった一人の、最初で最後の子どもだった。町との話し合いは平行線だったので、裁判を起こせば本当のことがわかるのではないかと思い提訴した。お金の問題ではない。怖い思いをした息子を思うとやらざるをえなかったのです。

情報が公開されることで、他の保育施設の啓発になり、再発防止への取り組みがすすめられるのではないかと考えます。（三）

考察　防災保育の課題

二〇一六年二月の本事件結審後二年余りを経て、石巻市立大川小学校の判決が二〇一八年四月二六日に仙台高裁であり、原告が勝訴したとの報道があった。七四名の児童と教職員一〇名が東日本大震災において犠牲になった事件である。ここでも石巻市と県は「津波は予見できなかった」と主張していた。二〇一六年一〇月仙台地裁では、「津波到達を予想できない」「マニュアルを改定すべき義務もない」との判決だったが、高裁判決は「津波の予見は可能であった。ハザードマップが示す予想浸水区域は、区域外に津波が来襲する危険がないことを意味していない」と述べ、児童の安全に直接関わるハザードマップについて「独自に内容を改定すべき義務があった」が、それを怠ったとした。また児童の安全確保のために避難場所や経路、方法をマニュアルに記載せず、当時近くの高台へ避難する時間もあったのに、その義務を怠った点の違反が指摘された（河北新報二〇一八・四・二七）。

山元町東保育所の判決が大川小控訴審の後であったなら結果が変わっていただろうか。大川小の場合、犠牲者数の多さもあるが、二〇一三年二月四日に第三者の事故検証委員会が設置されたこと、裁判長らの現地視察が二〇一五年一一月と一七年一〇月に実施されていたことが基本的に違っており、判断の明暗に影響していたのではないかと考えられる。

防災をめぐる保育上の課題は、議論の対象に上ることは少なかったのか報道上目立っていない。

一般的に共通する防災用備品の備え、定期的訓練や組織体制の見直しは勿論のこと、自力では避難が難しく他者の援助を必要とする乳幼児たちの命の守り手は、保育所では保育士たち職員である。避難訓練等の非日常活動のみならず、犠牲を免れた他保育所の日常活動に学びながら、保育所における防災上の課題を以下のように提起したい。

① 近隣の地理や歴史を十分理解し深める

津波災害は海岸からの距離に注目したハザードマップを基準に想定外の場所か否かが問われた。しかし、現地を確認すると、河川がより近くに位置しているのがわかる。津波発生後、北上川河口や名取川河口を津波が遡上する報道がなされたように、山元町でも牛橋川から高瀬川の津波遡上に注目すべきであった。川は常磐線の山下駅の東側から更に線路を横切って南西へ続いて流れている。つまり、川は駅東五〇〇メートルほどの近距離にある。川の東側には防風林もあるので、その近くの住宅地よりも川の西側、駅舎周辺での被害がむしろ大きかったといえる。

裁判記録にも、役所の説明にも河川の存在・河川の津波遡上について一言の説明もない。保育所の職員たちはどのように園周辺の地理を理解していただろうか。避難・災害訓練をどのように実行していただろうか。園庭に待機するだけではない、子どもたちと散歩をしながらでも、避難道はどこに、どのように通り抜けられるのか確認したことはあっただろうか。

日常の保育について資料の収集が不備なので類推にはなるが、地理認識の不十分さの結果、あるいはわかっていたが言い出せなかった保育士集団の関係性の弱さによる結果、避難の遅れをもたらしたと理解される。

山元町の消防計画書（平成二二年四月一三日作成）によると、地震時の広域避難場所は山元町山下第二小学校と指定されているが（四）、当時小学校と連絡した形跡はない。広報車の報道と住民の声により小学校では避難を開始して無事であった。校長が迎えに来る保護者への対応のため残り、最終的に校舎の二階に上がって難を逃れた。何のための震災対策計画なのか、所長は対策義務違反に該当しないのか不明のままである。日常の保育活動における地域把握の不十分さと、それ故の防災マニュアルの不備が指摘されなければならず、職員全員周知のマニュアルの備えが必要である。

②　近隣の住民との関係づくり

地域を知ることは自然的・地理的あるいは物的条件だけではない。保育所周辺には三階以上の高い建物はない。日頃近隣の住民たちと顔なじみとなり、交流の機会が深ければ、二階民家へ避難の援助・協力を求めることができたであろう。緊急に、一部の保育士と子どもは難を逃れたが、救われなかった命があったことを忘れてはならない。地域によっては保育所が避難場所となり、支援を提供していた。当保育所における交流の希薄さを覚え、日常的関係づくりを教訓にしたい。

③　保護者との連携、信頼関係及び主体的職員間関係づくり

地震、津波襲来への対応・避難に際して役場の指示に依存し、緊急の事態に独自の判断ができなかった。想定外を想定するには、日常の自分たちの経験や理解の貯えがあってできることであり、しかも自分の考えを率直に出し合って決めるというやり方を採っていなければ、正しいか否かの判断もできない。保護者と共同して子どもたちを守り育むという責任を自覚していなければ、信頼関係を築くことも難しい。子どもたちの集団内における育み合いと共に、保育者たちの日頃の関係の有り様が問われる。

①及び②とも関連して、防災マニュアルを独自にも、職員全員の納得で作成し、周知し合って主体的判断力や行動力を高めることが重要である。

④ 保育の質の確認を―子どもの最善の利益をめざして

保育所保育指針では第一章に保育所の役割として、「入所する子どもの最善の利益を考慮し、健全な心身の発達を図ることを目的とする」旨の記載がある。「子どもに関してのどのような機関でも、子どもの最善の利益が第一義的に考慮されるものとする」という子どもの権利条約（第三条）に基づく主旨である。「子どもの生存及び発達を最大限可能な限りにおいて確保する」（同上第六条）という条約に照らして当事件への対応は適切だったのかが問われなければならない。当事件は子どもの生存の権利が阻害された事件だったと考えられる。生命を守るという保育士の専門職としての義務を果たすべく、町行政に対しても保育士に対する研修について検証が必要であろう。

震災が与えた心身の疾患・障害も多い。保育士たちの心のケアも必要ではあったろう。しかし、残念ながら犠牲児に対する謙虚な反省の声は届いていない。間もなく小学校へ入学する筈であった一人っ子を失った母親の心身の痛みを、他人事として忘れ去ってはならない。保育の基本的な質が問われている大切な事例であることを覚え、日常の保育活動と非日常の防災活動の持続的な検証が今後の課題であると考える。

〈参考文献・資料〉

（一）草場裕之「東保育所被災事件」、佐藤由麻「山元町立東保育所津波被災事件について」、日本保育学会第七一回大会　東日本大震災特別企画『防災保育と日常活動の課題』話題提供二〇一八年五月一二日

（二）鈴木あけみ「山元町東保育所　遺族の思い」『私たちの命を無駄にしないで』子どもの安全を考える日和幼稚園遺族の会二〇一六年二月二一日

「山元町東穂育所死亡事故の問題点（違和感）」日本保育学会第七一回大会

東日本大震災特別企画『防災保育と日常活動の課題』話題提供二〇一八年五月一二日

「東日本大震災発生時の状況及び対応について」「今後の事故防止対策について」

山元町役場の説明会　資料一及び二

（三）野呂アイ「企画趣旨とまとめ」日本保育学会第七一回大会『防災保育と日常生活の課題—東日本大震災の教訓から—』『保育学研究』第五六巻第三号二〇一八

荒井美智子・野呂アイ・鈴木牧夫「防災保育と日常活動の課題—東日本大震災被災地域の保育者への訪問調査を基に—」聖和学園短期大学紀要第五六号二〇一九

（四）裁判資料「仙台地方裁判所第二民事部判決」記録二〇一四年三月二四日

山元町「消防計画」平成二二年四月一三日作成

4 閖上保育所の経験から私たちが学ぶこと

荒井美智子

はじめに

二〇一一年三月に発生した東日本大震災で、地域全体が壊滅的な被害を受けた中にあって、子どもたち全員の命を守った名取市閖上保育所の経験は、新聞報道等で数多く取り上げられてきました。筆者らも二〇一七年一一月に佐竹元所長に話を聞くことができました(一)。津波によりすべてが流失した閖上保育所は、地域住民の協議を重ね、ようやく二〇一九年四月に場所を内陸に移転し再建されました(公設民営)。震災から一〇年を経てあらためて、閖上保育所の経験から私たちが学ぶべきことを確認しておきたいと思います。

なぜ〝閖上の奇跡〟と呼ばれたのか

震災後の報道において、地域全体がすべて流失するような被害を受けたにもかかわらず保育所の乳幼児五四名の命が救われたことを〝閖上の奇跡〟という言葉で表現されました。どのような状況だったのでしょうか。

1●東日本大震災における名取市閖上地区の被害

宮城県名取市は仙台市の南の沿岸部にあり、海岸線が複雑に入り組んだ地形である三陸リアス式海岸からは離れた地域にあります。

（図1）(二)に名取市閖上地区の震災前の地図を示しましたが、名取川の河口にできた集落で、仙台の海の玄関口の一つとして栄えました。震災前の人口は七、一〇三人（二〇一一年二月末時点）であり、高齢化も進行しています。地区内には幼稚園、保育所、小学校、中学校があり、基本的に持ち上がりとなるため顔見知りが多く、地区内の住民のつながりが強い地域です。

津波による浸水区域は約二七平方キロメートルで、名取市域の約二八パーセントにあたります。津波によって、海岸から約一キロメートルに位置する木造住宅はほぼ流出したほか、小中学校を含め、公共施設の被害も甚大でした。

（表1）に示すように、閖上地区を含めた沿岸部では約一割の人々が津波の犠牲になっています。(三)

地震は二〇一一年三月一一日一四時四六分に発生し、名取市への津波到達は一五

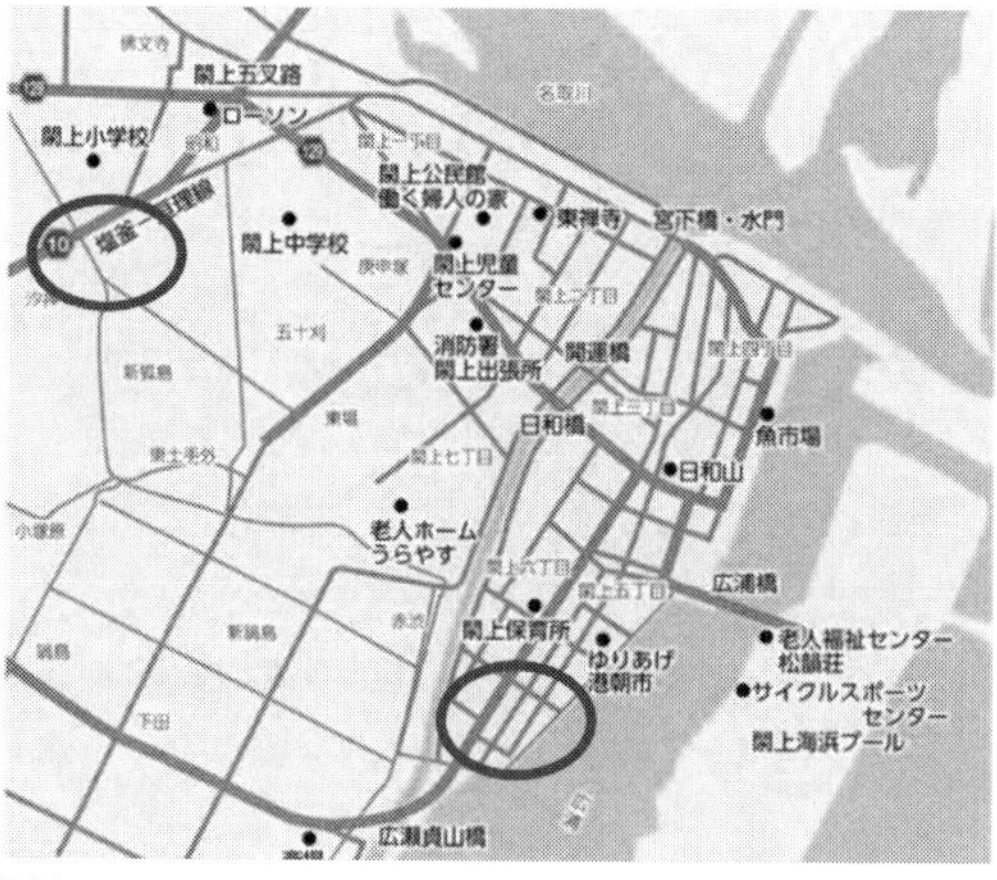

図1

時五二分頃。約一時間の間にどう判断しどう行動したかが生死の別れ目になりました。

2●住民の津波に対する意識

今回の地震でこれだけの甚大な被害を受けたにもかかわらず、住民の記憶に残る過去の地震で津波が起きなかったこともあり、多くの人々は「閖上に津波は来ない」と思っていました。

(「『逃げる感覚なんて誰もなかった』(六〇代男性)『片付ける事ばかりに夢中になっていた』(六〇代女性)。」(四))

その中でいち早く避難し子どもたち五四名の命を守ったことから、「閖上の奇跡」という言葉で報道されました。しかし、佐竹元所長はそうした報道に疑問を感じていました。子どもたちの命を救うことができたのは、たまたま起きたことではなく日常の保育活動の結果であることを言いたかったのだと思います。

「奇跡は偶然ではおきない」という理由とは

佐竹元所長が、〝奇跡〟と表現された保育所の避難行動について、「奇跡は偶然ではおきない」と言い続ける理由として、二〇一一年二月まで一年をかけて、職員が一丸となって避難マニュアルの改定に取り組んできたことがあります。

被害甚大地区における死者の割合(参考)(平成26年3月31日現在)※行方不明者は除く。

地区名	地区人口(人)	死者数(人)	人口に占める死者の割合(%)
閖上町区	5,686	709	12.5
閖上小塚原地区	461	43	9.3
下増田北釜地区	396	47	11.9
名取市全体	73,229	884	1.2

※人口は平成23年2月末現在　震災記録室調べ

表1

1●震災時の状況

閖上保育所は、築四〇年の平屋一階建てで、漁港から保育所までが約二六〇メートル、海まで八〇〇メートルという場所にありました。当日は一歳〜六歳まで五四人の子どもたちが登所していました。地震が起きたとき、所長は保育所のすぐ近くに出かけていました。ラジオを聞く余裕がなく情報を得ていませんでしたが、〝築四〇年の建物なので、もしかして倒壊しているだろう〟と思ったとのことです。すぐに戻ると、建物の一部が地盤沈下し、所庭には液状化した水がしみ出してきたので、ブルーシートを敷いて子どもたちを集合させました（五）。子どもたちは午睡中だったのでパジャマ一枚でした。海を見ると水が引いて船が全部土の上にピタッと止まっている状態で、おかしいと思ったとのことです。

とにかく何があっても危なくないように避難しようと決め、職員には三つの指示だけを出しました。「逃げます、車を持って来てください、小学校で会いましょう」。障がいをもつ子どもたちがいたので（二〇一〇年度は在籍者六四名中四名）、余分なことを言いませんでした。閖上小学校へ避難すると決めていました。保育所を出ると五差路があり渋滞するので、地元の人しか知らない道路や農道などを通って行きました。職員の車に子どもたちを分乗させ、迎えに来たおばあさんも一緒に乗って逃げました。所長は、あとから家族が迎えにきたら大変だと思い、「小学校に行く」と張り紙をして最後に出ました。「この地域の住民たちは、『保育所の人たちが逃げたから逃げた』と言っていた」と聞かされました。だからあとあとになっても、「助けられた」と言われることになります。若い人は働きに出ており、日中は年寄りと子どもしかいない地域でした。

二キロメートル離れた閖上小学校の三階に避難しました。二階は床が水びたしでした。最初、屋上にいましたが雪が降ってきました。子どもたちはパジャマにジャンバーを一枚着ただけなので、このままでは凍死するのではないかと思い三階に降りました。

職員はそこで通常保育をします。歌を歌って、お絵かきをしました。うろたえることなく落ち着いて対応していました。紙とか色鉛筆を学内から集めてきました。食べ物はありませんでした。困ったのは、紙オムツでした。トイレは真っ暗。年中や年長の子でもおもらしをしました。子どもたちは何かあると思っているからか、誰も泣かずにいました。地震、津波、寒さのあとの四回目の死を覚悟する火災がすぐそばで起きました。ひと部屋だけストーブがありましたが、子どもたちが入る隙はありませんでした。あの状況の中で、「子どもを第一にしてください」とは言えませんでした。胃ろうの方とか老健施設の方もいました。精神的に普通ではいられない状況。職員全部がPTSDの状態になり戻れていません（二〇一七年一一月時点の状況）。

次の日のお昼ぐらいに自衛隊員が来て、七キロメートル先の小学校の体育館に連れて行ってもらいました。

2●避難マニュアルの改定

もともと避難訓練は毎月一回行い、いろいろな災害を想定してやっていました。津波の避難訓練というのは、市内の他の保育所では実施しておらず、閖上に来て初めてやりました。職員に閖上出身の者はおらず、職員と子どもたちだけでは津波への対応がわからないので、地域の避難訓練に参加することにしました。地域の避難訓練は日曜日にやっていたため、佐竹元所長が赴任するまで保育所職員は参加していませんでした。元所長が職員と共に参加した際、おかしな避難訓練ではないかと感じたようです。なぜなら、訓練の避難場所は地域の中心部の広場なのですが、そこには「昭和八年三月三日、ここまで津波が来た」という石碑があったのです（一九三三年の昭和三陸地震による津波の石碑）。その近くの高いアパートが保育所の避難所になっていましたが、道路が渋滞していると安全に避難できません。アパートの三階部分が避難所になっていましたが、わずかなスペースで子どもたち六〇人は入ることができません。そこで、それまであったマニュアルの見直しをすることにしました。

避難先の候補として一番良いと考えたのが、二キロメートル離れた閖上小学校ですが、乳幼児六〇名が徒歩で避難するのは困難なので、職員が私有車に子どもたちを分けて乗車させ避難することを、職員間で共通認識としました。また、幹線道路には信号が複雑で渋滞を招きやすい五叉路があるので、そこを避けて農道などの抜け道を通るようにしました。早朝の場合や午睡時などの職員が少ないときのことも検討しました。できたマニュアルをもとにして、職員は朝夕の通勤時に経路の確認を行いました。出来上がったのは二〇一一年二月でした。

マニュアルを作るときに元所長は、所長や主任が決めるのではなく、「こういう場合はどうしたらいいと思う」と職員に投げかけて一人ひとりが考えて提案してもらうようにしました。そこが大事だったと思うと述べています。

3●普段の保育活動

これまで地域を取り込んだイベントをたくさんしていました。地域の特性は地元住民が子どもたち一人ひとりに伝えるべきだと考えていました。年に二回ぐらいは地元のお年寄りに来ていただいていました。文句を言ってくる人もいましたが、催しが終わったときは「冥土の土産だ」と喜んでいました。子どもたちは、どこの保育所に行っても地域のお子さんという考えでした。

保育の中で散歩もよくしており、将来、学校へ行く際の歩く練習でもあると考えました。海岸沿いに七キロぐらいの遊歩道があり、弁当を持って松ぼっくりを拾ったりしながら歩きました。知り合いの畑でメロンをとったり、さつまいも掘りをしたりしました。海岸でもよくあそびました。海辺にはハマボウフウという貴重な植物があり、海岸を汚してはいけない理由などを地域の人に話してもらいました。散歩は体力増進のためにやっていましたが、小学校入学後には一人で学校に通うようになるので、近所の人たちに子どもの顔を知ってもらうということの意味は大きいことでした。

若い保育者の教育については、保育所独自で研修会を五〇〇円の会費で開きました。会費が足りない分は自分の管理職手当をあてました。〝管理職手当は研修会に使うもの〟と先輩から学んでいました。研修会の開始は勤務が終わった午後七時からになることが多くありました。また、一週間に一回は保育者同士のカンファレンス、月一回は研修会を持つようにしました。発達障がいについての研修会には、外部の参加者も含めて五〇人ぐらい集まりました（閖上保育所の職員は一三人）。

普段の保育活動の中では、中間の職員の役割を重視し、所長以外の先輩の相談役を大事にしてきました。

これからの保育にいかすこと

閖上保育所の経験が物語るものは、「日々の保育を通して、保育とは何かを真摯に追求する保育者の姿」です。そうした日々の保育活動の一つとして、津波が来たときの「避難マニュアル」の見直しがあり、一年かけて仕上げたときに、たまたま東日本大震災が発生し、子どもたち全員の命を救うことができたということです。

どのような保育観をもっていたのか。ひとことで表すならば、「保育とは学ぶこと、そして皆と話し合い実践しながらつくっていくこと」ということができます。佐竹元所長は、先輩から学んだそうした姿勢を次の世代に伝えることがリーダーの役割であると自覚していたと思います。

保育者の行動の基準とも言えるものとして、〝子どもたちは地域のお子さん〟という言葉が聞かれます。これは、〝子どもの最善の利益を第一に〟と言い換えることができるものです。そのことが保育実践の基本に据えられていたために、大震災という非常事態において命を救い命を守る重要な判断をすることとなりました。大きな分かれ目となった行動として次のことがあげられます。

地震直後、まだ津波が来るという情報を得ていなかった元所長が、〝不安なら安全な方を選ぶ。避難して何もなければ私が頭を下げればよい〟と考え、避難することを決断したこと。

子どもたちの中には障がいをもつ子どもがおり、いつもその子を含めて一緒に活動できるようにということが当然のこととしてありました。その具体的な姿が、障がいをもつ子が混乱しないように配慮した地震直後の短い三つの指示（「逃げます、車を持って来てください、小学校で会いましょう」）でした。

閖上小学校に避難して寒さに震え何もない中で、元所長の「通常保育です」という言葉を受け保育者は、紙やクレヨンを探しお絵描きをしたり、歌を歌って手あそびをしました。こうしたことは、〝子どもの最善の利益〟ということの究極の姿と言えると思います。

閖上保育所の経験には、今後の災害の際に大きな課題となるであろうことも浮かび上がっています。閖上保育所の建物が全流失だったため、その後について語られていませんが、震災時の子どもたちの保育の場の保障と合わせて心理的なケアの問題が残されています。加えて、多くの保育者の心理的なケアへの対応がほとんど個人まかせになったことも忘れてはなりません。

おわりに

「全国の認可保育所など約三万四五〇〇ヵ所のうち、四三パーセントとなる約一万四七〇〇ヵ所が津波・洪水の浸水想定区域や土砂災害警戒区域に立地している」（六）という調査結果が、つい先日報道されました。一方、日常の保育活動は、新型コロナウイルスの感染をいかに防ぐかということに大きなエネルギーを割かれています。保育の歴史を振り返るとき、いつの時代にも困難な中にあってくじけずあきらめず、日々の保育実践を大事にしながら新たな道を切り開いてきた保育者たちがおり、そうした先輩に学びながら、これからの方向性を一つひとつ見つけていくことが求められています。

〈文献〉

（一）荒井美智子、野呂アイ、鈴木牧夫、「防災保育と日常生活の課題―東日本大震災被災地域の保育者への訪問調査を基に―」、『聖和学園短期大学紀要』第五六号　二九～四六頁　二〇一九年
（二）名取市総務部震災記録室「東日本大震災　名取市民の体験集」目次Ⅶ、二〇一四
（三）名取市総務部震災記録室「東日本大震災　名取市民の記録」六一頁　二〇一四
（四）河北新報　二〇二〇年七月一五日「伝える⑷　避難の明暗　展示に苦慮」
https://www.kahoku.co.jp/special/spe1216/20200812_03.html、二〇二〇年一二月三〇日　参照
（五）田澤薫、佐竹悦子「保育所における保育士の意思決定：宮城県名取市閖上保育所の東日本大　震災避難事例に学ぶ」『聖学院大学論叢』第二七巻第二号　一五～二八頁　二〇一五
（六）共同通信　二〇二一年一月二四日「災害警戒区域立地の保育所四三％『移転なし』が千市区町村」、
https://news.yahoo.co.jp/articles/33c7aa8629279ebf3a4ca578bfad8dfda4373b　二〇二一年一月二五日　参照

5 地震・津波に備える

千葉直紀

それぞれが持つ東日本大震災への思いと「備え」の必要性

震災から一〇年が経とうとしていた頃「俺、今九歳だから東日本大震災から九年……。六年生になったら一二年……早いね～」と突然小学校三年生の息子が東日本大震災のことを話し出しました。彼は東日本大震災（以下震災と記す）を経験していません。しかし、あのとき起きた震災を他人事ではなく感じているようです。その当時、生まれてもいなかったにもかかわらず震災のことをしばしば口にする息子です。息子はあの震災の二ヵ月後の二〇一一年五月に生まれました。息子は生まれた直後から余震を経験し、震災の復旧・復興と共に育ってきました。振り返れば、私もことあるごとに震災の話を聞かせていました。

また、妻の実家が津波の被災地の宮城県山元町であることからも、震災後しばらくは、山元町へ向かう道中に一階天井までボロボロの家が目に飛び込んで来て、息子も小さいながらに、そのときあった出来事を想像していたのではないでしょうか。彼には彼なりの東日本大震災が存在しているのです。震災を体験した人もそうでない人も、それぞれの震災との向き合い方があると思います。

あのときの凄まじい揺れの強さと津波の破壊力……。窓から見える建物が波打ち、部屋の壁が近づいてくるあの感覚。思い出せば出すほど現実から乖離した出来事のようにも感じられます。震災から一〇年が経過し、「大切な子どもたちを守るために私たちは、何ができるのか」このことについて、いろいろな思いを巡らせるようになりました。はたして私が保育士として現場にいたときのあの避難は適切だったのだろうか。結果的には子どもたちの命を守れましたが、それは結果でしかなかったようにも感じられます。何がどう作用して子どもたちの命を守ることができたのか。ここでは、その点を明らかにしていきたいと考えます。

東日本大震災は地震の揺れも恐ろしいものでしたが、それ以上に地震によって引き起こされる津波については想像すらしなかった程の甚大さでありました。この震災による津波によって、保育中に子どもたちの命が奪われてしまった園がありました。しかし、そのいくつかの施設は「沿岸部」に位置していましたが、その場所からは海が見えません。いずれの施設も沿岸部からやや離れた場所に位置していました。

ちなみに幼児の施設ではありませんが、児童七四名が亡くなった宮城県石巻市の大川小学校に関しては海岸から三・八キロ(二)も離れた場所に位置していました。この距離から考えると津波の到達は、想定できないに決まっているという意見もあるかもしれません。また、逆にいくら沿岸部から離れていようが想定し、的確に動くことができたはずだという意見もあると思います。しかし、ここで述べたいのは、どちらの意見が正しいかということではありません。ただ一つ、この震災で明らかになった事実は、「自然は人間の想定した範疇を超えてくる」ということです。

また、もう一つ言えることは、人間の想定した範疇を超える災害であったにもかかわらず、子どもたちの命を守ることができた保育施設がいくつもあったという事実です。震災から一〇年が経つ今、大切な子どもたちの命を守っていくために、一つひとつの事実から命を守る術を、丁寧に紐解いていく作業が重要となります。災害に対して備えるということが重要となるのは明らかですが、ここで述べておきたいことは、標語のようなきれいごとではありません。保育に携わっている方はわかると思いますが、保育という営み自体がきれいごとではすすめられるようなものではありません。つまり何が言いたいかというと「具体的に」どう命を守れるのか、という点に焦点を絞って考えていかなくてはならないということです。異常気象や地震や火山活動の頻発化などが見られる昨今、いつどこでどんな災害が起こるかわからない。起こりうる災害にどう備えていくべきか再考する必要があります。

「いま、この地で」起こりうる災害に備える

震災から一〇年が経過し、震災後、全国保問研・震災学習委員として多くの被災地を訪問しました。東日本大震災においては、子どもの犠牲があった宮城県石巻市の大川小学校、同県山元町のふじ幼稚園、東保育所などを訪問しました。大川小学校は海岸から約三・八キロメートル、ふじ幼稚園、東保育所は海岸から約一・五キロメートル(二)に位置しています。海岸からそれだけ離れた場所に位置しているため、その場所から海は見えません。しかし、海の見えない所まで海水が及ぶのです。「ここまで津波がくるはずがない」。現地を訪問してあらためて感じることです。しかし、津波はその地まで到達し、子どもや保護者、保育者の命を奪ったのです。ふじ幼稚園は

「実際、津波を想定した訓練などはそれまでしたことがなかった」(三)とされています。東保育所も「月一回の避難訓練は行っていたものの、津波を想定した避難行動計画は作られていなかった」(四)といいます。

一方、命を守ることができた亘理町の荒浜保育所は、現地を訪れると海岸が近くにあることが実感できます。荒浜保育所では海岸が近いことからも、地震＝津波という意識が強かったことと思います。実際に、震災の二日前にあった震度四の地震の際にも、「このときにも、荒浜保育所では、避難先に指定している荒浜中学校に避難しています」(五)とあります。ここから学ぶことは海が見えるか見えないかのみで判断するのではなく、川や海・山など周辺の環境から考えられる災害を「立体的に」想定して備えることが重要ということです。立体的とは、土地の高低や海からの距離といった意味での地理的な意味での立体的です。また歴史の流れの中で過去の災害を踏まえた上で現在・未来に起こりうる災害を想定する意味での立体的という意味でもあります。いま、この地で起こりうるあらゆる災害を想定してみることから、備えが始まるのです。

犠牲者が出てしまった園と、命を守ることができた園、どちらも紙一重だったと想像します。しかし、想定できる災害に対処することと、想定しにくい災害に対処することは大きな違いがあります。海が見えないのに津波を想定する。川が見えないのに洪水を想定する。そのようなことができうるのでしょうか。標高一〇〇〇メートルの場所で津波の想定はしにくい。しかし、標高一〇〇メートルなら津波の到来はありうるでしょうか。今回現地を訪問して、ここまでは津波は来ないだろう、と思える場所に津波が到達していました。「ここまでは来ないだろう」「ここまで来るかもしれない」。「〜ないだろう」と「〜かもしれない」では、警戒の度合いと備えが変わってきます。子どもたちの命を守るためには、やはり「かもしれないの備え」が必要になってきます。ふじ幼稚園や東保育所で起きてしまった事実から私たちは学び、次の世代に手渡さなくてはなりません。いずれの保育・教育施設においても、「ここまでは来ないだろう」という地域が命の危険にさらされました。ここから学ぶことは、災害が到達しうる「境目」に位置している場所が非常に危険だということです。火山でも、土砂崩れでも、河川の氾濫でも……です。想定し得ない災害を想定することは難しいことです。しかし、立体的に災害を想定し、いま、この地で「当然起こりうる災害」から「かもしれない災害」までを想定する。また、その中でも「～だろう」と「～かもしれない」の「境目」に位置している場合は「かもしれないの備え」を行うことが大切といえます。

災害への備えを「具体的に」

ここで、地震の体験を振り返りながらどのような備えが実際に必要になってくるのかという点についてみていきます。

震災当時、私は保育士として三歳児の担任をしていました。卒園式が近い三月一一日一四時四六分。保育士が卒園児を送り出すための歌の練習を行おうと集まり始める直前の出来事でした。揺れ始めた直後、私は一緒に休憩していた保育士と共に子どもたちのもとへ、右に左に激しく揺すられながら走りました。私のクラスの子どもたちは、寝ている布団ごと既に室内の中央に集められ、毛布を被せてもらっている状態でした。子どもたちは全員無事で、起きている子やまだ寝ている子と様々でしたが取り乱す子もなく、落ち着いた状況でした。振り返ると、この震災の二日前にも震度四の地震がありました。その地震の直後、当時の園長が「棚の上にあるモノはすべて戸棚の中にしまうように」という指示を全クラスに出していました。そのため、本震では物は落下せず、保育室への揺れによるダメージは最小限ですみました。あのとき、園長の指示がなければ……。と小さなことでも「もし、〇〇だったらどうだっただろうか……」という思いが離れません。

私の勤務していた保育園は仙台市の内陸部にある保育園であったため、「地震の揺れ」への対処だけですみました。しかも、給食室でもおやつを作り終え、配膳準備も終わったところでした。これが、午前中の給食を作っているときであったらどうだったでしょう。「火災」が起きていたかもしれません。また、散歩に出かけているクラスがあったらどうであったでしょうか。それが、沿岸部の園だったらどうだったでしょうか。災害時は電話もつながりにくくなります。そうなると、散歩に出かけていたときに災害が起こった場合、判断しなければならないのはそこにいる保育者となるでしょう。そのように判断を迫られる状況下において、私たちは適切な決断と備え、対処ができるのでしょうか。

子どもの命を災害から守るためには、子どもを園で預かっているあらゆる時間帯を想定して備えなければなりません。早朝、夕方の延長保育、日中の各クラスが各々の活動をしている時間帯、散歩や園外保育をしている場面など、あらゆる場面を想定した備えが必要となってくるのです。時間帯や場面だけではありません。東日本大震災は三月に起きました。子どもが担任と共に長い時間をすごした三月の災害。これが四月の入園当初だったら避難することができていたでしょうか。つまり、災害が発生する時期によっても備え方は変わってくるし、避難の仕方も変わってくるのです。毎月避難訓練を行っているところが多いとは思いますが、その避難の流れや子ども自身がどれだけ自ら動くことができるか、どの程度手助けが必要かなど、避難時の子どもの様子や月ごとの子どもの動きなども把握しておくことが重要となるのではないでしょうか。

保育の充実が命を救う　災害に備えた日常の「習慣」が「瞬間」の判断を生む

ここでは、災害に対する備えとは具体的にどのような準備をすることなのかということについて考察していきたいと思います。

災害に備える、つまり防災という視点で見たときに具体的に必要となるものとして大きいものは避難訓練です。しかし、ここでは避難訓練だけではない「日常」という視点でどのような備えが災害時に命を守ることと直結していくのかという視点に立ち、震災の事実から一つ一つ紐解いていきたいと思います。

千葉（二〇一九）は、防災を考えたときに重要となるのは、日常における「保育者同士の関係性」、「子どもと保育者の関係」「保育者と保護者・地域とのかかわり」の三つであることを示唆しています（六）。今回は特に「保育者同士の関係性」、「子どもと保育者の関係」の二つ、それに加えて「習慣」という三つの視点から日常における備えについて考えていきたいと思います。

宮城県亘理町荒浜保育所の事例では、地震発生後、子どもたちを各担任が点呼しながらおんぶしたり、ジャンパーを着せたりしながら荒浜中学校まで二五分で避難しています（七）。この二五分という迅速さが命を救いました。この短い時間で未満児も含めて避難するということは簡単なことではありません。しかも、子どもが午睡から起きるか起きないかの時間帯です。全園児を連れてこの早さで逃げることができるためには、保育者同士の連携なしには到底困難なことです。実際に、荒浜保育所では災害時にどのように避難するかということについても職員同士で話し合われていました。「このような緊急時避難のときに誰がリーダーとなるかという話し合いを保育所ではしていました。未満児の正職が一人しかいない。三人の中、正職は一番若く、リードを取るのが難しかったので、正職、臨時関係なしということで、その場にいた一番『年増』の人がリードをとることにしようと言うと、『年増でなく、年長者にしましょう』『命を守るのに、正職、臨職は関係ない。経験を積んでいる人がリードをとりましょう』という意見も出て『その場で、自分と思う人が手をあげて、自分たちの責任で逃げていいと指示を待っているより、絶対、早く逃げた方が良い』ということになりました」(八)とあります。

このように日常から災害を意識しながら「もしも」のことを職員同士で話し合っていたことは、災害時に非常に有効だったといえます。また、「正職も臨職も関係なく」という点や避難方法について話し合うという点からは職員間で日頃から上の立場も下の立場も関係なく話し合いを行う習慣や雰囲気のようなものが構築されていたことが伺えます。職員同士で話し合うことは非常に重要であり、それぞれが災害への備えに対して意識する契機にもなります。それが、全職員でもそうでしょうが、未満児、以上児の単位やクラス単位によっても行われることが命を守るためには必要になってきます。対話を用いて「保育者同士の関係性」を日頃からつくっておくことは、災害時においても非常に重要なのです。避難の際にどうするかということについても所長からの一方的な指示ではなく、自分たちでどうしていくかを考え合うという、職員一人ひとりが意識しながら話し合っていたことも非常に重要な点といえます。

次に「子どもと保育者の関係性」について見ていきます。

私は、この点について三月の震災だからこそこれだけの命を守ることができたのではないかと想像することがあります。実際、岩手県陸前高田今泉保育所では「地震が起きたのは三月でした。一年間いっしょに生活して培った信頼関係が大きかったと思います」(四)とあります。本当にその通りだと感じます。

例えば、子どもが緊急時に誰を頼るかを考えたとき、もちろん「大好きな先生」です。この関係性ができているかできていないかでは避難する「時間」に大きな影響を及ぼします。その僅かな時間で生死が分かれるのです。また、岩手県大槌町大槌保育園では「避難訓練のときにいつも『あしが痛い』『靴が脱げた』などと弱音をはく子どもたちも、そのときは必死に走り、私が後のクラスを見送ったときには先頭のクラスはすでにコンビニがある国道へ上がっているのが見えた」(九)とあるように保育者が「日常の子どもの姿」を把握していたのです。上記は避難訓練時の子どもの様子ですが、日常の中で、誰がジャンパーを着るのが遅いか早いか、誰を手伝ってあげなければならないのか。どの子なら自分で身の回りのことができるのか。だれがパニックになりやすく誰だったら落ち着いて行動ができるのかを把握しておくことは重要です。つまり、子ども一人ひとりの特徴を把握できるまでの関係性を構築することが大切なのです。

また、未満児なら担当の子を見ることが多いのではないでしょうか。その子が立って歩けるか、ハイハイしかできないかという発達段階によっても乳母車に乗せるのかおんぶが適切かなど避難の様子が変わって来ることでしょう。子どもの発達の様子も見ながら、さらにスムーズに避難するためにも、子どものことを一番に知っておく必要があります。子どものことを知っておくためにも、日頃からの子どもと保育者の関係性が非常に重要なのです。つまり、日常において子どもと自由時間にあそんだり、抱っこしたり、駆けまわったりすること。または、生活の中で衣服を着たり、靴を履くことを手伝ったりするなど、生活面における癖や習慣を「日常」を通して把握しておくこともまた命を守るための備えにつながってくるのです。つまりは、丁寧な保育を行っているか、保育が充実しているかということです。丁寧なかかわりや丁寧な保育が子どもの育ちだけではなく、災害への備えにもつながってくるのです。

また、ここで未満児における避難についても触れておきます。未満児の避難においては、他の職員の応援もお願いしておくという点も重要となってきます。

大槌保育園では「〇歳児が一一名の赤ちゃん組は、保育士が四人。国の最低基準配置は園児三人に保育士一人となっているが、到底一人で三人の子どもを避難させるのは困難だ。そこで保育士四人の他に給食担当の栄養士や調理師、支援センター担当の職員にも避難時の担当者を決め、持ち場の安全を確認したあと、避難時の応援を頼み訓練もしていた」（一〇）とあります。

給食室の栄養士や調理師は、火の元を確認しさえすれば手があくのです。そこで多くの手が必要となる未満児避難の要員となるのです。

三つ目の「習慣」という視点についてですが、荒浜保育所では「子どもたちは枕元に靴をおいて寝る、パジャマは素肌の上に着る、着替え袋は枕にして寝ていました。夏は臭くて大丈夫なの、という声もありましたが、トイレに行っても靴を枕元においていて、習慣づいていました」（一一）

とあります。このことは、津波がこの園にも来るのだ、という想定のもと備えていた「日常の習慣」という防災であったといえます。これは、過去に津波が来たことがある地域であるからこそ、そのような習慣を保育にも取り入れていたといえます。特に、保育においては〇歳から就学前までの小さな子どもを預かっている。そのような子どもたちが万が一にも命を落とすことのないように習慣化されたことだったのでしょう。これが、小中学生や大人であれば、枕元に着替え等がなくても動くことはできます。しかし、未就学児全員が、寝起きにスムーズに着替えて靴を履くことができるかと言えば、難しいことです。それを習慣化することで、今回は命を守ることができたのです。

このように、小さな子どもたちの命を守るために何ができるかということについて日常における「習慣」として備えを根付かせていくことは非常に重要といえます。例えばそれが、これまでその習慣はなかったが、今回津波が到達してしまった。そのような保育施設においては、新たに避難のための習慣を構築していくことも必要だといえます。また、その習慣があることで、後世の保育現場においても、その習慣または慣習は意味あっての習慣・慣習であることが語り継がれ、実践され、子どもたちにも伝わっていくのだと思います。自分の置かれている地にどのような災害がおこりうるのかということを想定しながら、新たに習慣をつくり出していくことは、災害時のみならず自分の命を自分で守ろうとする子どもの育ちにもつながってくるのではないでしょうか。震災から津波の発生については、時間が読めない。三〇分前後で津波が到達する場合もあるでしょうが、それよりも早い場合もあるでしょう。そのような逼迫した状況下においては、「瞬間」の判断の連続が命を助ける。その「瞬間」の判断は、急場で生まれてくるひらめきでもなければ、頭の回転の良さでもない。子どもたちを一人残らず救うためには、「日常における習慣」が大切になってくるのです。

記憶を継承し続けるという備え

一〇〇〇年に一度来ると言われている東日本大震災級の震災。一〇〇〇年も生きた人はいないのだから簡単に信じて良い数字ではないかもしれません。自然が一〇〇〇年というときを数えてまた震災を引き起こすほど、人間の計算通りに動くとも思えません。それが、一〇〇年後に来るかもしれない。一〇年後に来るかもしれない。一年後、または明日かもしれない。

例えそれが、明日であれ一〇〇〇年後であれ、保育施設がある限り、子どもの笑顔がある限り、この記憶を継承し続けることが大切です。ここで大きな地震と津波が起きた。その事実から学び、子どもの命を守ることのできる保育者がいて、自分自身でも命を守ろうとする子どもがいる。冒頭で語っていた息子の東日本大震災に対する向き合い方。おそらく、彼なりの東日本大震災や災害時の身の施し方を想像しているに違いありません。記憶を継承することで救われる命があればこれ程嬉しいことはありません。

東日本大震災から一〇年がすぎ、あの震災を経験した保育者も減ってきています。震災の教訓を保育者同士で伝え合い、それを子どもとも伝え合う。そのような対話の中で、それぞれが当時の教訓を胸に刻んでいく。記憶にずっと刻み込むこと、忘れずにいることが何よりの防災であり、備えです。

〈引用文献〉

（一）大川小学校慰霊碑より
（二）「現代と保育」編集部『忘れない！　明日へ共に―東日本大震災・原発事故と保育』ひとなる書房　二〇一二年　一一二頁
（三）同、一一一頁
（四）同、一一二頁
（五）鈴木牧夫「東日本大震災を語る亘理町立保育所のその日・それから」全国保育問題研究協議会・編集委員会編『季刊保育問題研究』二五六号　新読書社　二〇一二年　一三頁
（六）千葉直紀「保育におけるいのちをつなぐ防災とは～東日本大震災から見えてきた日常の防災と記憶の継承～」『上田女子短期大学紀要』第四二号　二〇一九
（七）鈴木牧夫「東日本大震災を語る亘理町立保育所のその日・それから」全国保育問題研究協議会・編集委員会編『季刊保育問題研究』二五六号　新読書社　二〇一二年　一六頁
（八）同、一四頁
（九）「現代と保育」編集部『忘れない！　明日へ共に―東日本大震災・原発事故と保育』ひとなる書房　二〇一二年　七頁
（一〇）同、八～九頁
（一一）鈴木牧夫「東日本大震災を語る亘理町立保育所のその日・それから」全国保育問題研究協議会・編集委員会編『季刊保育問題研究』二五六号　新読書社　二〇一二年　一五頁

コラム

地震のあった日のこと

三浦和恵

皆様、いつも温かい励ましのメールをありがとうございました。本当に元気がでました。つたない作文を少々。

地震直後から一時間

あの日は入所説明会があり、たまたま新入児のあかちゃんをあやしていたら、突然のゆれ、地震だと気づき、慌ててお母さんに返して、昼寝から、起きがけのホールに戻ろうとしました。四、五メートルの距離でしたが、体が横に揺れて泳ぐように進むしかありませんでした。子どもたちは一塊になってそのうえにたくさんの布団がかぶさり、その周りを職員みんなでかばい合ってゆれが間も無く収まるだろうと待っていました。ホールの壁がまるで生きているかのように、あちらが近づけばこちらが遠ざかり始めてみる光景が現実なのかと信じられないことと、今度壁が近づいたら死ぬかもと実感しました。天井の扇風機が外れかけ（安全用の鎖つきでしたが）、何度も大丈夫と周りで声をかけながら待っても収まりませんでした。子どもたちはかなりの長い時間布団のトンネルのなかにいたのですが、周りがゆれる現状を見ていないことが良かったようで、にこっと笑って顔を上げて少し笑い合っていました。職員も意識して声も荒げず（今思えば逆に怖い？）、すぐ所長判断で園庭の真ん中に移動することにしました。一人ひとりに服を着せ、ジャンバーも着せて外靴を履かせて、園庭の中央にござをしき保育所の子ども全員が集まりました。外に出たとたんに吹雪いてきて、本当に天の神様を恨みました。毛布で囲み何枚かのブルーシートで上を覆い、子どもたちの中央にいた私が、中央の芯の役になってブルーシートをまとめてずっと持ち続けました。風が吹き込んでき始めたら、すぐダンボールで周りを囲み始めました。するともう中はモンゴルのテントのような空気になりました。おやつに出す予定だったのが焼き芋で、テントの中で子どもたちはほっと食べていました。職員の何人かは、中で子どもたちを励まし他の職員は必要なものを保育所から持ち出して、本当に自分たちが信じられないくらいのすごいチームワークでした（今は一六：〇〇、日没まであと一時間）。

心配してくださった皆様に、仙台でもかなり状況的に恵まれた私の保育所の様子を少しでもお伝えできればと、打ち始めた（メール）のですが、やはり考えると涙が出てしまいます。続きはまた次回にします……。

公立保育所は通常保育です。被害のひどいところは他の保育所で分散して保育をします。私の保育所の子どもたちは五人くらい来ています。学校が休みのこともあるので今週だけだと思います。

私たちは毎日基本八時三〇分から五時まで仕事をしています。ガソリンもなくなり徒歩や自転車で一時間近くかかってくる人が多くなっています。正直なところ自分の食べ物や必要な買出しは難しいです。公務員なんだなあとわかりました。

明日は、私は大変な他の保育所へ応援に行きます。各保育所へ運ぶ物資の受け取りや仕分けです。自転車が久しぶりなので緊張します。かなりふらふらです。二九日の編集委員会も欠席します。よろしくお願いします。

人事異動も五月一日付けとなりました、変則で一ヵ月だけクラスがそのまま持ち上がりです。そして五月の人事異動の後、クラスの担任が変わります。毎日が明日どうなるのかの緊張がきついです。あちこちの中身ですみません。

本当にみんなに心配してもらっていることで元気をもらいました。

ありがとうございました。

III

支援活動を行って

保育ボランティア

1 南三陸町を訪れて

植村知美

二〇一一年八月一一日～一五日にかけて、宮城県本吉郡南三陸町のホテル観洋内託児所マリンパルに、保問研からボランティアに行かせていただきました。

仙台駅からバスに乗ります。沿岸を走っていた鉄道は再開の見込みが立たず、お盆の帰省の時期と重なって、例年なら空席が目立つという長距離バスには長蛇の列ができていました。バス停を降りてからはタクシーに迎えに来てもらい、南三陸町に向かいます。車窓から見える景色、入り組んだ地形によって高さを増した津波の勢いの凄まじさに息をのみました。震災から五ヵ月の日々が経っていましたが、町を歩くと生活のカケラがあちらこちらにあります。食器やお鍋はもちろんのこと、子どもが使っていたランドセルや絵の具セット。持ち主のところに帰ることができたのでしょうか。

『保育する』という意義

一一日の夕方に、志津川保育所を訪ねてお話を聞きました。坂道をグッと上がった高台にあるこの保育所ですが、園庭が一メートル、園舎は五〇センチ浸水しています。あの瞬間、ここは海の底となり、本当に生活が丸ごと奪われてしまったのだなと思い知らされます。

保育所の給食食材の仕入れは地域の業者から納品してもらっていたそうですが、軒並み被災されて調達が困難だったこと、車で買い出しにいこうにも職員もほとんどが車を流されて内陸まで出かけることができなかったこと、そして食材が支援物資として送られるようになってからも、水・電気・ガスが整うまでは給食をつくることもままならず、コンビニのおにぎりでしのいでいた日々もあるとお聞きしました。食物アレルギーの子どもたちの食材には、特に苦労されたそうです。

このような緊急下においては児童福祉施設としての役割が求められます。それまでの入所児童だけでなく、災害復興等に携わる保護者が「新たに保育に欠ける」状態となった児童への「緊急入所」などの対応も想定され、このような困難な状況の中でも保育を再開するということは、地域再生の第一歩としてとても大切なものだという事を痛感します。

マリンパル　子どもたちの食事

一二日から行ったホテル観洋内託児所マリンパルでは、一〇名ほどの子どもがすごしていました。子どもたちは、震災の傷跡など感じさせないくらい、笑顔で迎えてくれました。マリンパルのホールにある舞台、給食室につながる廊下までずらりと支援物資が並んでいます。日用品や衣類などはもちろん、炊飯器や電子レンジなども送られてきたそうです。

七月に入って、ようやく水道が使えるようになり、電気などのライフラインが整ってごはんなども不自由なく炊けるようになった後も、「支援していただいたものは大切にいただきたい」ということで、非常食のごはんや、レトルトの食品を給食やおやつとして食べておられたそうです。

そうした中、私は翌日の給食作りを依頼されました。野菜なども徐々に手に入るようになってきたそうで、給食室を見せていただいたときには肉類はあまりありませんでしたが、キュウリやキャベツ、ジャガイモにタマネギ、ニンジンなど使えそうなものがたくさんありました。夜、子どもたちは気に入って食べてくれるだろうか……と不安を抱えつつ、献立を考え、翌朝に備えました。

給食室といっても、家庭の台所のような感じです。さて……と用意をし始めると、三歳のK君がやってきました。

「今日のごはんはなんですか？」

保育園で毎日のように聞いているこの言葉。なんてことのない日常ですが、この過酷な状況に生きる子どもの口から聞こえてくると、ホッとする気持ちが半分と、この子たちにも日々穏やかな日常があったのだと思って苦しくなる気持ちが半分でした。

献立はツナジャガ（肉の代わりにツナ缶を使って）、キャベツの磯和え（三陸だけに、海藻は備蓄がたくさん）、キュウリの酢漬け、そしてレトルトのごはん。作っているときの香りはそこら中に漂い、「あ〜いい匂い」という声がいつも以上にうれしく感じました。

支援物資のレトルトの物を使っての給食が多かったため、こうやって園内に給食の香りが広がることもあまりなかったそうです。

先生方と囲んだ食卓。何を食べるかというのが大切なのはもちろんだけれど、それ以上に誰と食べるか、どうやって食べるかが大切なのだということを思い知らされます。和やかで温かい雰囲気の中で、子どもたちもおかわりをして食べてくれ、作った給食は空っぽになりました。

ひまわりのように笑顔満開に

もう一つ、大きな仕事をいただきました。南三陸町は例年、帰省などに合わせて八月一三日に成人式を行っています。が、震災直後のこのような状況では行うことができず、二〇一二年一月に延期になったそうです。ホテルの従業員でこの日成人式を迎えるはずだった人がいました。その同級生たちを集めて、ホテルでお祝いの会が催されることになり、マリンパルの小野寺先生が、ケーキをプレゼントしてあげようと焼いてくださっていました。私はそのデコレーションをすることになりました。

暑い夏の日、ひまわりがあちこちで咲き誇っています。これは、阪神淡路大震災の半年後に花を咲かせた「はるかのひまわり」の子孫でした。未来に希望をもって成人する彼女たちに、笑顔になってほしいと、デコレーションには缶詰のみかんを使ってひまわりを描きました。そして、小さく焼いたクッキーに笑顔を書いて、生クリーム、チョコとともに周りを飾りました。

八月一三日は、「こども夢花火」がありました。花火大会に合わせて、未来を担う子どもたちへと、浴衣&甚平のプレゼント会が開催されていて、その場で着付けをしてくださったそうです。新成人の彼女たちにはこの成人式はサプライズとして用意されていたので、舞台の幕が開き「祝成人おめでとう」の幕の前にびっくり！　そして、はにかんだ様子で舞台に上がりました。

「これからの南三陸町の担い手として期待している」

というお祝いの言葉に、

「震災を乗り越えていく仲間として、街の復興と未来を作り上げていくことが私たちの使命です」

と、力強く誓っていました。

デコレーションしたケーキも壇上でお披露目。その後、彼女たちのおなかの中に消えていきました。新成人の彼女たちはもちろんのこと、それを憧れの眼差しで見ていたマリンパルの子どもたちもみんな、ひまわりのように人を笑顔にしてくれるような明るい存在になっていってほしいと願っています。

想像力をはたらかせる

南三陸を訪れて感じたことは、そこに生きる人たちがとても温かく、いきいきとしておられたということ。海を見ると悲しくなるし、まだまだ人々の生活がそこに取り戻せるのかと言われるとそうはいかないこともよくわかります。しかし、震災以前に築き上げてきた地域での信頼関係、互いを思いやる気持ちは一層強くなっていったのではないかと思います。マリンパルにはたくさんの支援物資が届いていましたが、保育士の方々が「これは○○さんが必要だから」「□□さんのところに届けるわ」といった具合に、適材適所に届けられていきます。

私たちはこの一年半、この世のものとは思えないさまざまな惨劇を見聞してきました。自分には何ができるのかという自問自答の時期、何もできないのではと、無力感を感じた人も少なくなかったことでしょう。実際に被災地を訪れて感じることは、被災者のために必要なのはむしろ私たちが被災地のことを忘れずに、そして思いを寄せ続けること、ではないかと思います。もちろんこれからも被災地への支援は続いていきます。そして、自分の生きているこの地でも、身近な人を守れるようになりたいと思います。

私たちがいたこの時期はちょうど満月でした。ホテル観洋自慢の露天風呂から、満月が海に反射して長く伸びた満月ロードが、明るい未来へ進む道しるべのように見えました。

2 心のそばに

小泉香世

二〇一一年三月一一日、私は職員室で、卒業を祝う会のための紙芝居を作っていました。地震で揺れても、いつものようにすぐおさまると思って、手を止めませんでした。しかし、長くて大きな揺れに、これはまずい、と思い、避難することもあるかもしれないと思って上着をつかんで作業所の方に行きました。療育の方は、マンツーマンで子どもにおとながついていますが、作業所の方は、利用者の数に対して、職員の数が圧倒的に少なかったからです。しかし、利用者さんたちはしっかり机の下にもぐりこんで、車椅子の人も暑そうにしながら毛布をかぶっていました。

外は停電して信号機が止まっていましたが、地震もおさまり、私の担当の子も到着して、療育に入りました。お母さんが言うには、あんなに揺れたのに、子どもは平気な様子だった。危機感を感じないのだろうか、と、逆に心配していました。しかし、勉強中もまた揺れて、私が目の前で動揺するので、子どもの方が、「かみなり?」と。「これはね、じしんって言うんだよ」と言いながら、手を繋いで避難。おさまってまた勉強再開。が、また地震。今度は子どもの方が私の手を引いて部屋を出ました。

これはもう勉強にならないから、と判断して、子どもを帰し、その後の時間、療育はお休みすることにしましたが、何しろ電話がつながらない。誰か来ても困るから、と、職員はそのまま夜まで職場待機になりました。

職場は停電を免れましたが、テレビを見ても同じ情報の繰り返しで、詳細はわからないまま。不安な気持ちを抑えながら、職員と紙芝居の作成状況を話して気を紛らわしていました。

その日は金曜日でした。私は毎週金曜の夜に手話サークルの活動をしています。メールがつながりだすと、サークルメンバーから、「電車が止まっているのでサークルに行けません」という連絡が。こんな大変なときに、サークルどころではないだろう、と思いつつ、律儀なメンバーに頭が下がるやら、あきれるやら。しかし、考えてみればサークルには聴覚障害者や、他の障害をもった人もたくさんいます。中にはサークルが唯一の拠り所だったり、情報源の人もいるかもしれません。サークルを開いているボランティアセンターの建物は、後で行ってみると、停電のこともあり、早々に閉められていて入ることはできませんでした。でも、もしかしたら誰か来ているかもしれない、と、その建物に寄ったサークルメンバーは、実は何人もいたのでした。サークルが障害者にとっても、健常者にとっても、拠り所になっている、ということを再認識させられました。

そして、夜、職場のテレビで見た津波の中継映像。波が田畑をのみ込んでいく映像を、「誰かあの波を止めて！」と叫びそうになるのを抑えながら、ただ茫然と見るしかない自分に、無駄な歯がゆさを感じました。

それからずっと、この「無駄な歯がゆさ」を感じているように思います。あわてたって仕方がない、と腹をくくりながら、しかし奥底では、ずっと「無駄な歯がゆさ」を感じていました。何かしたい。何かしなくちゃ。でも何をしていいかわからない。何ができるかわからない。いち早く力仕事に走っていく知人友人を、なかばうらやましく見送りながら、自分のできること、やるべきことを模索していました。

保問研で、夏に南三陸町へ保育ボランティアに行かせてもらったとき（『季刊保育問題研究』二五五号参照）も、自分なりには一生懸命仕事をしながら、しかしやはり「無駄な歯がゆさ」を感じ続けていたように思います。「聞いてもらうだけでいい」と、おとなからは、あの日の様子の話を聞き、子どもたちとは、震災前と変わらないかのように、色鬼をしたり、ままごとをしたり、お寿司屋さんごっこをしたり。でもときどき、「おじちゃんがね、津波で死んじゃったんだよ」という話を聞いたり。でも何と応えていいかわからなかったり。

そんな「無駄な歯がゆさ」が積りに積ったのか、ボランティアから帰ってきて、肉体は十分な休息をとったにもかかわらず、仕事に戻ると、地に足がつかないような、ふわふわした感覚がありました。少なからず、自分も精神的にダメージを受けたのかもしれません。

でも、そんな「無駄な歯がゆさ」があったからこそ、私はまた南三陸町に行きたい、と思いました。とんでもないことが起こったんだ。私の感じる以上の大変な経験をした人達、子どもたちの心のそばにいたい、と思いました。そして、今年のお正月に、再び南三陸町へ行きました。片付いた、とは言うけれど、何もない海岸沿いの町に、やはり心を痛めながら、でも、生活は落ち着いてきている人々の話に、ほっとさせられました。何しろ、子どもたちが覚えていてくれて、また一緒にあそべたこと、夏から比べて、子どもたちが成長していることに、私が一番元気づけられました。

もう少し、何かできないだろうか？　と、お正月の南三陸町滞在中に、ホテルの中に震災後からずっと開いているという、寺子屋を訪ねました。夜間は大学受験のための学習になっていたので、私は用なしでしたが、そこを開いている方の強い信念に感心し、ホテルで避難生活をしていた子どもたちのその後の様子なども聞くことができて、一番ほっとしたのは、私自身でした。ここでは、偶然にも、私と同じバイト先の大学生がボランティアに来ていて、思わぬ再会に仰天しました。人々がそれぞれに心を寄せている、ということが、何だか勇気づけられるようでした。

「私は生き残ったんだから、何かしなくちゃいけない」「どうして私が生き残ったんだろう」という被災地の人達の肩や、友人が亡くなったのを知って立ち尽くすその背中に、何度手を置きたいと思ったかしれません。結局のところ、私はそんなことしかできないし、実際にはそんなことすらできませんでした。でも、私は「無駄な歯がゆさ」を感じながらも、これからも手をあてて、心のそばで、支え合っていきたいと思います。

3 荒浜保育所とさくら保育園へ

脇　志津子

二〇一一年三月一一日から一一ヵ月経った一月一六・一七日に、宮城県亘理町荒浜保育所と福島市のさくら保育園に、京都保問研の荒堀育子さんと一緒にボランティアに入れる機会がありました。絵具あそびで亘理と福島の子どもたちが楽しめたらいいな、笑顔になれたらいいなという思いから園に行かせていただきました。

このボランティア実現の背景には、全国保育問題研究協議会の西川由起子さんや鈴木牧夫さんそして仙台保育問題研究会の丹野広子さん・三浦和恵さんや全国事務局のご尽力があり、京都保問研の応援・職場の仲間の理解と周りの皆さんの協力・応援があったからこそで、心から感謝しています。また二ヵ園の園長先生や職員の皆さんに大変な中ご理解していただき、受入れてくださったことに心から感謝しています。

一月一六日亘理町へ

一五日は仙台保問研の学習会に参加したのですが、震災の疲れがあったにもかかわらず、子どもたちの描画活動をより楽しいものにしたいという意欲に溢れていました。皆さんと作ったお雛様の一部を預かって、あくる日に三浦さんの車で亘理町に入りました。

荒浜保育所へ

津波の爪あとを車の窓から見ながら、鈴木さんや三浦さんが話してくださったのを、うなずいて聞いているだけで何も言葉が出てきませんでした。しかし、二ヵ月経ったそのときは、人や車の行き来が見えて被災されながらも「日々の暮らしを何とかしていかないと」という、人が持っている底力やたくましさを自分勝手な思いですが感じたのでした。

プレハブ園舎では、三歳児・四歳児・五歳児クラスの子どもたちが一つのフロアーで合同生活をしていました。その元気な声やにこやかな表情からは、あの怖かっただろう現実を体験したとは感じられませんでした。それは職員の皆さんにも言えることでした。

子どもたちの笑顔の裏には、保護者の皆さん・職員の皆さんの計り知れないご苦労があったからだとは思うのですが、それにしてもびっくりしたということが素直な感想です。数時間いただけの私には、子どもたちは勿論保育者たちもこのプレハブ園舎での生活を楽しんでいらっしゃるように思えたのでした。一一ヵ月経った今だからかもしれませんし、表面的にしか見ていない私の勝手な思いかもしれません。

仙台から亘理町までの道中で感じた人の底力やたくましさをここに来ても感じました。「ほんまに　やるしかないいんやな」と思いました。

絵の具おばちゃんと絵の具でケーキ作り

ボランティアに受け入れてもらうことが決まってから、絵の具でお好み焼き作りをしたらおもしろいなと思っていたのですが、所長の鈴木由美子先生との事前の打ち合わせで、「お好み焼きは子どもたちにはあまり馴染みのない物かもしれない」ということで、ケーキ作りになりました。

材料の絵の具・画用紙・筆・容器は京都保問研から事前に保育所に送らせていただきました。

三歳児は机で、四・五歳児は床の上にブルーシートを敷いてケーキ作りのはじまり！

子どもたちがそれぞれ選んだ色画用紙をフライパンにみたてて置きこれがフライパン。台所用ボウルに小麦粉にみたてた白絵の具と卵にみたてた黄色絵の具を入れ、そこに魔法の香りのものを入れると、部屋中に甘い香りが漂い始めました。すると子どもたちの表情が一変して、「ケーキのにおい」と誰かが一言！　みんな不思議そうな表情でした。

その魔法のものとは、バニラエッセンス！　先生方の表情も一瞬「絵の具にバニラエッセンス？」と不思議に思われたように見えました。

そのケーキの生地にみたてた絵の具を、泡立て器でかき混ぜお玉で子どもたちの画用紙に配っていく間中、子どもたちのワクワク感が伝わってくるようでした。

もうお料理ごっこの世界に入っているのです。筆でその生地を塗り広げるときの子どもたちの表情は、バニラエッセンスでなめらかに滑る絵の具の心地良さと、ほのかに漂う甘い香りで本当に気持ち良さそうでした。どんどん筆を動かしていくその姿から子どもたちの力強さを感じました。同行して下さった荒堀さん・鈴木さん・三浦さんも同じような思いだったと思います。そのときの鈴木さんの子どもたちへの愛おしさに満ち溢れた笑顔がとても印象的でした。

次は、容器に小分けしてある果物にみたてた赤色や黄色や緑色などの絵具を生地の上にトッピングしていくのです。水はほんの少しなので、上から違う色の絵の具を重ねても濁色にはなりにくく、三歳児クラスの子どもたちもどんどん色を重ねていました。四・五歳児クラスになると、本当に果物をのせていくように一色一色を丁寧にのせたり、模様を考えながら描いていました。

こんな子どもたちの姿を見ていて、どんな逆境でも子どもたちの感性は揺るぎないもののように思え、だからこそそんな子どもたちの感性を大事に育くみ、損なわれるようなことから守っていくのが、私たちおとなの役割なのだと痛感しました。絵の具おばちゃんが絵の具あそびで少しでも子どもたちの心を癒すことができたらなんて、口幅ったい独りよがりな考えだったと恥ずかしくなりました。でも、ときどき絵の具おばちゃんの口から出てくる京都弁に「ウフフ」と笑っている子どもたちの人懐っこさを感じ、かえってこちらが癒された思いでした。

子どもたちのエネルギーや素敵な感性を感じてケーキづくりも終了。片付けは先生方と同行して下さった皆さんが手伝ってくださったのですが、お湯は勿論出ません。水で容器や筆洗いをしてくださった皆さんに感謝でした。

子どもたちが昼寝している間に、鈴木所長さんに亘理地区を案内していただきました。もとの園舎があった場所に車から降りて、三・一一のそのときのことを話してくださいました。子どもたちをどのように避難させたかを聞き、日頃からの訓練が土台としてあったにしても、その場に遭遇してみないとわからないことも多々あっただろうと思います。あらためて先生方の適切な判断とその早さ、そして迅速な行動で、園児全員を避難させた先生方に頭の下がる思いでした。

私の職場ではどうだろう？　今回自分の目で見てきたことや先生方の経験を聞かせていただけたことを活かして、職場や自宅の自治会の避難訓練や防災に反映させていきたい思いが一層強くなりました。子どもたちや先生方とまたの再会を約束して、亘理町を後に仙台に戻り福島へ向かいました。

一月一七日　福島・さくら保育園へ

福島市内の渡里地区にあるこの保育園は、震災の二年前に改築した綺麗な園舎でした。園長の齋藤美智子先生から「もしも建て替える前の建物だったら、あの地震に耐えられたかどうか？」とお聞きし、子どもたちをはじめ職員の皆さんが無事で、園舎の被害もなくて本当に幸運だったと思いました。

でもその後に、原発事故により漏れ出した放射性物質の汚染という、目に見えないとんでもない被害が先生方や子どもたち・保護者の皆さんを不安にさせ、混乱させてしまったのです。園庭の表土除去や園舎・周辺の除染作業や給食に使う食材の放射線測定など先生方のご苦労が伝わってきて身につまされる思いでした。測定器を購入して園独自で食材の測定を行い、放射能に関する学習会をされるなど、子どもたちに安全で安心な環境と食材をと日々努力されてきたご苦労は並大抵のことではなかったと思います。

このような先生方の行動力と原発の危険性を学んで、子どもたちの健康や今までのような自然とのかかわり合いを少しでも取り戻せないかと保育の工夫をされたり、保護者の理解と協力を得ながら子どもたちのことを考え一歩でも前に進もうとされている職員の皆さんの献身的な努力に頭の下がる思いでした。

斎藤先生や職員の皆さんの強い心と優しさに見守られながら、さくら保育園の子どもたちも笑顔一杯で日々の生活を楽しんでいました。

このような背景がありながらでもボランティアの受け入れを心良く引き受けてくださったことに感謝しています。

みんなでつくろう〝おこのみ焼き〟

斎藤先生との事前の打ち合わせで、さくら保育園の子どもたちには、絵の具でお好み焼き作りを楽しんでもらうことになりました。

材料の絵の具・色画用紙・容器は、事前に京都保問研から送らせていただきました。

一七日当日は、インフルエンザでお休みの子が多く、三・四・五歳児合同で三十数名の子どもたちと一緒に、広いホールのピカピカの床の上での絵の具遊びに、私の方が緊張しました。事前に「今日は絵の具でお好み焼きをつくるよ」と知らせられていた子どもたちは、荒堀さんや仙台の丹野さんと準備をしているところに来ては、チラチラと興味深そうに見ては去っていく姿が、とても可愛く何処の地域でも同じなんだと思いました。

三歳児クラスの子どもたちは、エプロンと三角巾姿で気持ちはクッキング！　今日のお好み焼き作りを楽しみにしていてくれたのだと嬉しく思いました。細い短冊状の色画用紙を上手に一回切りで具材を作っていく姿や、床に絵の具を落とすことなく楽しんでいる姿には驚きました。

四・五歳児クラスの子どもたちは、作ることが大好きなようで、「これは、にく」「これは、キャベツ」と想像力豊かにみたてながら、色画用紙をどんどん切っていました。

みんなの机の上の鉄板にみたてた画用紙の上に、お玉でお好みの生地の絵の具を配っていくと、大きい子もここからは、クッキングのごっこの世界！ その生地の上に具材を早くのせたい気持ちがいっぱいで、「せんせい、はやく！」という心の声が聞こえてくるようでした。

次に魔法のソースを配ると急にざわざわとして、子どもたちの歓声が聞こえてきました。

そう、本物のソースの匂いなのです。先生方も子どもたちの反応に、笑みを浮かべていらっしゃって、絵の具おばちゃんの仕掛けとしては大成功！

片づけは、職員の皆さん、荒堀さん・丹野さんに手伝っていただいて、子どもたちの食事風景を見させていただき、さくら保育園を後にしました。

今回のボランティアでは、ひとが持っている底力やたくましさを感じ、子どもたちの想像力や感性から私の方が元気をもらった二日間でした。

協力してくださったみなさま、本当にありがとうございました。

4 福島・宮城を訪問して思っていること

西川由紀子

人は「忘れる力」をもっています。それは、人が生きていくために必要な力だと思います。けれどもそれは、大事なことを忘れてしまうということでもあり、震災を体験していない私は、震災のことを忘れることがないように気をつけたいと思っています。

先日、鈴木牧夫代表としゃべっていて、自分が震災直後は、ペットボトルの水、備蓄の食料を用意し、懐中電灯など枕元に置いていたのが、今やいい加減になっていることを思い出しました。鈴木さんの震災の恐怖は今も当時と同じように続いているのに、すっかり忘れている自分に気づき、反省しました。場所は離れていても保問研の方々とつながって日常があることのゆたかさを感じました。

実際にその場に行くことの力

二〇一一年六月、保問研は山形で全国集会を開きました。その集会終了後、石巻を訪ねるツアーを計画していただき参加しました。また集会で福島のさくら保育園の齋藤美智子園長にお会いをしたことをきっかけに、さくら保育園を半年ごとに訪ねています。そうした中で感じていることを紹介させていただきます。

二〇一一年六月の石巻では、なかよし保育園と日和山公園を訪問しました。なかよし保育園の大橋巳津子園長からはなしをうかがい、日和山公園への道では津波被害の生々しい光景をバスの車窓から見ました。何度も思い出すのはその日和山公園で、仙台保問研の方としゃべっていたおりに、三浦和恵さんが内陸の方を向いて「ああ、こっち向くと何にも変わってないなあ。何にもなかったことにはできんのかなぁ。できないよねぇ」と言っておられた場面です。沿岸部に広がる更地と化した保育園をはじめとする家々のあとや、カーテンだけが揺れているひとけのない新築と思われる家とは対照的に、六月の高台の緑は美しく、まさに今まで通りの姿だったのです。取り戻せないすべてのものへの思いをその三浦さんのことばに聞いて、返事はできませんでした。

その日和山公園近くの日和幼稚園の保護者が起こされた裁判が昨年結審し、幼稚園側の責任が明らかになりました。地震が起こったときには、安全な高台にいた子どもたちが園バスに乗せられ、沿岸部に降りたことによって、五人の子どもたちが亡くなりました。園には災害時には園で保護者を待つことを定めたマニュアルがあったにもかかわらず、それは書庫にファイルされているのみで職員には配布されていませんでした。津波は自然災害であっても、守れるはずの命が、園の危機管理ができていなかったことによって失われた事例です。自分自身が日和山公園を訪れたことで、その高さが実感でき、遺族の悔しさが偲ばれます。たった一度の訪問であっても、その場に行くということの力を思います。

なかよし保育園には当時、全国から子ども服などが送られてきていました。それを園児だけではなく、地域の方すべてに渡せるよう園庭での催し物が予定されていました。地域の子育てセンターとしての保育園の役割を感じました。多くの保育園、幼稚園が、震災の中子どもを安全に守ることができたことに、保育施設の質の高さを思います。平常時には見えにくい保育の質の差は、こうした危機的状況の中で浮き彫りになりました。

福島市渡利のさくら保育園訪問

福島市のさくら保育園は、渡利地区という放射線の線量が比較的高い地域にあります。震災後保育を再開されたものの、除染が進むまでは屋外の保育ができない状態にあったので、そんな中での子どもたちの保育園生活がどうなっているのか、とても心配になりました。

「かみつき」の問題を保育者と語り合うとき、六月頃の雨が続くシーズンがどんなにたいへんかを聞くことも思い出され、一週間の雨でも、「かみつき」がひどくなるというのに、外あそびができない保育が月単位で続いているという現実が信じられず、訪問させていただくことをお願いしました。

はじめて訪ねたのは、震災約一年後の二月。ちょうど作品展の日でした。広いホールに展示された見事な作品を見て、震災直後の保育も、充実したものであったことが伝わってきました。そうした感想を齋藤園長にお伝えすると、でもこういう作品がつくれるほど、子どもに目が行き届いていることが気になっているとおっしゃっていました。ホールについても、広く見えてもひとつクラスの子どもが走り回って使ったら、他のクラスの子どもは使えないと言われて、確かにそうだと思いました。背が低く地面に近いところであそぶ一歳児がはじめて靴を履いて園庭に出たのは、雪が地表を覆って線量が低くなった雪の積もった園庭だったとうかがいました。子どもたちの一番の散歩先だった保育園の向かいの神社は、除染対象とならず、樹木や石段が放射線量を高めていると聞きました。

次に二〇一二年の八月にさくら保育園を訪ねました。真夏のプールあそびが、外あそび制限三〇分の中で行われていました。

でも、園庭あそびは暑すぎる真夏だったので、子どもたちが長袖シャツでプールに入っていたことをのぞけば違和感のない夏の保育でした。

このときにおもしろかったのが、子どもたちの私の関西弁への反応でした。子どもたちの表情を見て、違和感をもっていることに気づき、「私のしゃべり方、なまってるよね」と言ってみると、しっかり者の四歳の女の子が「なまってると思ってた」と言っていました。気をつかって黙っていたんだと感心しました。私をはじめ多くの関西人はどこでも方言なのですが、これは新鮮な体験でした。全国からたくさんの訪問者が来られて、子どもたちも訪問者への対応が上手になっていたのでしょう。

二〇一三年の二月に訪ねたら、保育室にすてきな段ボールハウスがつくられていました。外あそびが制限されると、通常なら園庭の隅や物置の影などおとなの目の届かないところでこっそりあそぶ楽しい空間が保障できず、おとなの目が届きすぎるので、ちょっとした工夫があったらと夏にお伝えしたことを実践していただいていました。秋に、保護者会でていねいな話し合いをへて、園庭での運動会を実施された後でもあり、外あそびの時間を少しずつ延ばしておられるとのことでした。

園庭の砂場には、山形から運ばれてきた砂が入れられており、子どもたちがスコップで掘っていくとなんとまつぼっくりやドングリがころころ出てきました。京都からも送りましたが、あちこちから送られてくる木の実を入れておられるとのことでした。

たしかに、まつぼっくりやドングリは、段ボールの中ではなく、自分が土の中から発見してこそ愛着もわくだろうと思いました。

四歳の子どもたちのつくっていたまつぼっくりのケーキはとてもおいしそうにできあがっていました。

二〇一三年の八月の訪問は、雨の日でした。おだやかな一日をすごしました。保育室と園庭の間のテラスで三歳児が線路をつなげて汽車ごっこをしていました。園庭に近いテラスに当たり前の風景が戻ってきたことに感激でした。安斉育郎先生がさくら保育園のために、線量が高いところを避けて歩けるお散歩マップをくださり、一〇月以降は、お散歩にも出かけているそうです。

二〇一四年二月の訪問は、前代未聞の豪雪の日でした。私は状況を理解しないまま、子どもが数名しか来ていない休園状態の保育園に行ってしまったのでした。どなたも家も職場も雪かきが必要な状況の中、保育園に保護者有志が集まり駐車場の雪かきが行われたとのことでした。こんなときに保護者と保育園の絆の深さが示されるのでしょう。

その日は少人数の異年齢保育を楽しむ子どもたちと一日をすごしました。

夕方、タクシーも入れなくなった雪道をぽつぽつ歩いていると、保育園の子どもと保護者と一緒になり、雪の轍を上がったり降りたり楽しくしゃべりながら楽しい帰り道になりました。

私のさくら保育園訪問はこんな感じで、ただ行って、子どもたちと一日すごしているだけです。だけど、だんだん先生たちの顔が覚えられて、さくら保育園が近い場所になってきました。

遠くで暮らしながら思うこと

三・一一を挟んで、なにひとつ変わらない生活をすごしながら、保問研の復興セミナーやシンポジウムに参加してその都度思うのは、自分がなにひとつわかっていないということです。どんなに映像を見ても、話を伺っても、その悲しみの大きさも、恐怖の深さもわかることはできないということです。

けれど、そうであっても知ろうとすることはたいせつだと思っています。たとえば、災害が起こってしまったときに、個人としてまた職業人としてどうすればいいのかを、三・一一から何も学ばないままでいることは許されないと思います。また、放射線がどんなレベルでどんな影響を及ぼすものなのかを知ることができれば、福島をはじめ東北地方に広がる風評被害の誤りと原発問題の深刻さをそれぞれ正確に理解できるようになると思います。みんなが知識をもつことはとてもたいせつだと思います。

仙台の方から、とにかく見に来てほしいと言われたことがあります。何の役にも立たないのに「見物」に行っていいのかと思う気持ちもありますが、見ることによって、少し実感をもつことができることは確かだと思います。私同様、離れて暮らす方も、機会があれば一度訪ねてみられてはいかがでしょうか？　保問研でのつながりは、そういうときに力を発揮してくれると思います。

5 希望をもって
震災学習福島ツアー・熊本訪問を終えて六年の歩み

三浦和恵

はじめに

三年前に震災学習担当という係が、新たに全国保育研究協議会（略・全国保問研）・全国代表者会議の席上で提案されて、仙台保育問題研究会と東京保育問題研究会からそれぞれ二名ずつという構成で、活動が始まりました。

私は当初は、「東日本大震災の被災の事実と子どもたちの命を守った保育に学びながら、被災された方々に心を寄せ、忘れないでいくこと」と、「保育とは子どもの命を守る仕事なのだ」と心に刻み、未来の子どもたちのために、防災や減災に配慮した日常の保育の振り返りや、「災害時の保育や支援」のあり方を考え、今後に生かしていくことをイメージして、自分たちの取り組みや活動を考えました。

現地を知りながら学ぶことの意味

① 仙台で行われた復興セミナーを振り返る

毎年行われる全国保問研主催の夏季セミナー（普段は各分科会の運営委員が中心になって企画されています）を、震災二年後、仙台保問研が主体となって、復興セミナーを開催しました。「深刻な話をしたくない、避けたい」という思いや、でもやらなければならない（と思ってしまう）自分たちの立場に、葛藤がありました。全国保問研の三役や、事務局、常任委員会との話し合いを重ねながら、仙台の仲間とも深く考えました。

語り合った一人ひとりの気持ちはどれも重く、簡単に結論にはたどり着けませんでしたが、若い保育者から「一人では考えることが難しいけれど、仲間と一緒ならやれるかもしれない」と意見が出され、仙台保問研は少しずつ、一歩ずつ進んできたと思います。あらためて、「生きる喜びを感じる保育をつくっていこう」と、このセミナーで思えるようになりました。

仙台で復興セミナーをしようと支えてくれた全国の保問研の仲間に感謝しています。

② 現地に合った支援活動～震災学習福島ツアーへの取り組みへ

震災学習担当になった直後、「福島で、セミナーを開いてほしい」という全国保問研からの要請がありました。福島大学の大宮勇雄さんや福島さくら保育園の方々に相談にのってもらいながら準備を一緒に考えることになりました。

そのとき現地でセミナーを開き、福島の現状や被災後の思いを学ぶことのできる支援を行ないたいという私の安易な感覚はすぐに違うとわかりました。

郡山、いわき、会津、東石、福島市の五つの地域の持ち回りで、活発に学び合っていた福島の風土や文化、保育者同士のかかわりや学びの歴史を知らずにこちらの思いや、やり方を通すことはできないと思いました。そこで福島の人たちと金沢と東京で開催された全国保育問題研究集会のときに食事をとりながら交流したり、「福島の保育の集い」や「福島の冬の学習会」に参加しながら福島の人の負担にならないよう、そして一緒に元気になれるように、どのようなやり方で一緒に学び合えるのかを、二年をかけて準備しました。

そして二〇一六年一〇月二九日・三〇日に「保問研震災学習福島ツアー」という名称で、「福島県保育・子育てのつどい」への参加とさくら保育園見学、保育を聞く会を織り交ぜた形式のものを実行しました。仙台や東京、北海道からも、三〇名の仲間が参加しました。

「つどい」の特別シンポジウムは、福島県内のそれぞれの地域の状況を報告し合い、保育者、保護者がそのときの思いを語り、放射能について一緒に学びました。福島の人たちも、「実は、今まで他の地域の話を聞くことができなかった。初めて聞いた」と話していました。放射能の話に触れてはいけない、触れられないと、人々が分断されてしまった状況があったことを思うと、震災の事故から五年を経て「放射能について話ができるシンポジウム」ができたことは、凄いことだと感じました。

福島の人たちがこれまで語れなかった困難さをすべて理解することはできませんが、ほんの少しでも話し合えたことはよかったと感じました。

「保育のつどい」に参加した保育問題研究会の会員は、参加者としてだけでなく、他に講座の講師や分科会の助言者を勤め、また、各分科会で、福島の状況を肌で感じながら、意見を交換し合いました。

保育問題研究会から参加した若い人たちは、震災学習福島ツアーでは、現地の保育者たちの強く熱い思いに触れることで、大きなエネルギーをもらったと思います。そして「事実を学ぶこと」、「現地にあった支援をすること」など、震災学習の役割に応えられたのではないかと思います。

福島は、震災で多くの人々の尊い命が失われ、そしてその上に、原発事故の衝撃と健康被害への不安など、凄まじい状況の中で被災された方々が生きてこられました。六年の経過の中でまだ癒えない深い悲しみや生活再建への不安は続います。

突然、普通の生活が奪われ、子を持つ親にとっては看過できない警告の中で、一人ひとりがギリギリな思いで決断した選択や事情も尊重されず、県外避難者へのいじめ問題などが各地から報告されています。現地に行って事実を知る、思いを感じる大切さを大事にしながら、引き続き学習と支援に皆で取り組んでいきたいと思います。

被災者から支援者へ　熊本訪問

東日本大震災で、宮城県内で支援に取り組んだ南三陸町や亘理町の人たちが、共通に、「保問研の支援は本当に感謝している。もしどこかで次に私たちと同じような状況が起こったら、私たちがすぐに応援してお返しをしたいと思っている」と話していました。

一方、兵庫や愛知の方々が、お線香を持参して被災地（大川小）を訪問してくださったお気持ちも忘れません。人を思う気持ちはつながるものだと教えられました。

二〇一六年四月一四日の熊本大震災。全国保問研と共に、私たちもすぐに支援活動に取り組みました。繰り返される余震、暗闇や寒さの恐怖。本当に心配しながら経緯を見守っていました。私たちのとき（東日本大震災）と大きく違ったのは、ＳＮＳ（ソーシャル・ネット・ワーキングサービス）などが大活躍したことでした。安否状況がひと目でわかり、近隣の仲間たちが続々と現地へ支援物資を届けてくれた笑顔を見ることができて、とても安心しました。全国からの支援の様子も、全国保問研のホームページや東京保問研の支援活動報告（機関紙）などで報告されて、全国のネットワークがつながってきたのだと思いました。

私自身もぜひ熊本を訪れたいと思いながらも、職場の状況は厳しく、何度か職場との調整をして、熊本で全国保問研・震災学習担当者会議を行うために、ようやく一二月に現地を訪問することができました。第五五回全国保育問題研究集会（東京二〇一六年）の開会集会にも、直接、被害状況の報告を聞きましたが、怖い思いを忘れたい、早く元の生活に戻りたいと思う「人の気持ち」があります。

被災地の生活や支援状況もどんどん変化します。また不安を表に出せるようになったのか、支援に応えようとすることが現地の負担につながっていないのか、など私自身の今まで通ってきた体験を振り返りながら熊本空港に降り立ちました。

震災から八ヵ月をすぎた熊本で出会った皆さんは、タクシーの運転手さんもお土産を買ったお店の人も、「一〇〇年に一回くらいなら、しばらく来ないねえ」と笑いながら話し、とても前向きな姿でした。熊本の人々の明るく力強い様子に、東北とは違う風土があるのだと感じました。熊本保問研の山並さやかさんが熊本市内から御船町、益城町を中心に案内してくださいました。更地と壊れたままの家、新築した家が混在していました。少し前の東北の様子と似ていました。こうしたことは全国のどこでも起きる可能性があるのだとあらため思いました。

どんどん生活が進んでいく中で、災害から学ぶものを捉えたりすることや、支援できることは何があるのだろうと考えることはとても難しいのだとわかりました。わかろうとすることを急がないほうがよいのだと思いました。熊本地震や支援を振り返る時間は必要だと思いました。

仙台で開催された「復興セミナー」のときに、全国保問研・副代表であった京都保問研の西川由紀子さんが挨拶の中で「被災地の人の気持ちを本当に深いところで理解することはできない」という言葉を思い出していました。深く心を寄せて、東北を細やかに訪れて励ましてくれた西川さんにも、いろいろな思いや苦しさがあったことをこのときになってはじめてわかりました。「被災者と支援者がどうつながっていくのか」。熊本の状況を理解しきれなかった自分が、どうしたいのか主体的に考えることや、気持ちを、皆で、伝え合っていくこと（語りたくなったときに）を大切にしようと思いました。

震災学習の新たなスタート　熊本で行った震災学習担当者会議

熊本地震をきっかけに、福岡・熊本から一名ずつ新たに震災学習担当が加わりました。東と西で起きた災害はその距離のように、感じ方や情報量がとても違っていました。これまで、特別講座の企画や、『季刊保育問題研究』への寄稿などを通しながら、減災や防災の意識を日常の保育へとつなげて、皆で「命を守る」ことを考えたいと取り組んできたつもりでしたが、熊本を訪れて話し合いをしていくと、震災への受け止め方や捉え方は同じではなく、伝えてきたつもりだった自分自身の戸惑いや混乱を感じました。同じ思いを持てない喪失感や、被災者同士と思う分、感情のずれが起こりやすく、後から振り返ると、私はまだ「被災者」なのだということに気づきました。被災者の気持ちを伝えたいという思いをどこか、重荷に感じているのかもしれません。

しかし、今回、話し合いの中に支援者の立場の意見が入ったことで、それぞれが客観的に状況をわかり合うこともできたように思います。第五六回全国保育問題研究集会（愛知二〇一七年）の特別講座のテーマは「生命を守る決意～震災時における保育施設の役割を考える～」です。東日本大震災後、震災時における保育施設のあり方について検討してきました。熊本・大分地震の際には、避難所的な役割を果たす保育園が登場しました。災害弱者のことも含めてこれまでの保問研の震災時における取り組みを総括しつつ、保育園の新たな役割に学び合いたいと思います。

関心を持つこと

三・一一が特別な日になって六年。地震と津波と放射能で壊された被災地が、復興へ向かう道は長く険しく、終点はどこなのかもわからないと思うことがあります。

「風化」という言葉は被災地でしか使わない。被災地以外は「無関心」に近いのかもしれません。三・一一、たった一度の災害で二万人近くの命が奪われた震災。どれだけ怖かったか、悔しかったか、無念の死が問うところを次の世代へ語り継がなければと思います。地域や文化や人のつながりが消された人々の辛さや、現実の課題もまだまだ続いています。このまま忘れ去られるわけにはいかないのです。

南相馬市の小学校では、事故後「放射能」・「除染」・「被ばく」といった言葉が普通になりました。放射能を学ぶ授業が一年生からあり、昨年は五年生で甲状腺がんの専門家の話も聞いたとのこと。子どもたちは知識を身に着け理解を深めています。教師たちは、福島の子がいじめられたニュースでも、「知識の無い人が偏見を持たれたのだろう、正しい知識を持てば、『それは違うよ』と正すことができる。そうしたたくましさも育まれたら」と願っているそうです。

原発の問題はまだまだ続いています。考える機会が少なくなっていく中、でも福島のことに関心を持つことは自分のためでもあると思います。関心を持って学び続けることで、相手への思いやりや想像力も生まれてきます。気づくことで、優しく強く人はつながっていくのではないでしょうか。

災害は止めることはできません。原発事故は、全国どこでもあり得る状況です。被災地からの発信が少しでも災害の備えになり、そのとき、命を守るために、自らが考えて行動していく力を、どう育んでいくのか。被災経験の「有る無し」を越えて、皆で一緒に学び合っていきたいと願っています。

おわりに　希望をもって

実は、この原稿のテーマを最後まで迷っていました。本来はサブタイトルの震災学習部の取り組みやそこで私が学んだことや感じたことを報告するものでしたが、途中からどうしても希望という言葉を入れたくなったのです。

「なぜ、希望を選びたいのか」を考えているときに、たまたま心理学者の村田晃さんのコラムを目にしました。「希望」という言葉の捉え方です。希望は状況がよくないときや、あるいはどうなるのか非常に不確定なときに起きてくるというのです。自分自身、先が見えない不安を持っていることにあらためて気付きました。

また村田さんのコラムには、「希望を持つということは、自動的に起きてくるものではなくそれを選ぶこと」「希望を持つということは根拠のない夢に基づいているのではなく、背景に冷静な計画や判断があること」「真に希望を持つには、『物事は変えうる』という基本的な信念・価値観が必要」だと書かれていました。

私は、先が見えないこと、不安がっている自分を自覚しました。少し安心しました。希望を持つという行動自体が、主体的で勇気の必要なものだと理解しました。保育問題研究会で学んできたものと共通していると思いました。

震災学習を通して、「物事は変えられる、そしてよい方向に向かう可能性が存在する」という信念を持ち、恐怖や絶望に打ち勝つ力をつかみ、楽天性と注意深さをもって、物事を大局的に捉え、実現するため行動していくことに自分自身がたどり着きました。「一人ではできないかもしれないけれど、仲間と手をつなぎ合いながらやってみよう」、復興セミナーで話し合った言葉を今、再び胸に刻んでいます。

〈参考〉
阪神・淡路大震災　一九九五年一月一七日　（マグニチュード七・三）死者六四三四人
新潟県中越地震　二〇〇四年一〇月二三日　（マグニチュード六・八）死者六八人
東日本大震災　二〇一一年三月一一日　（マグニチュード九・〇）死者・行方不明一八四四九人
熊本地震　二〇一六年四月一四・一六日　（マグニチュード六・五＆七・三）死者二〇四人

6 被災地に行き続ける理由

神田朋実

被災地に行くようになったきっかけ

二〇一一年三月一一日に起きた東日本大震災。当時私は幼稚園の職員室で、年長組の卒園文集の作成に励んでいました。未経験の大きな揺れに驚いて他の職員と園庭に飛び出し、揺れが収まるのを待ちました。そのときは、机に置いてきてしまった文集の原稿は無事だろうか、と呑気な心配をしていました。地震の影響で電車がストップしたため帰宅を断念し、その日は数人の職員と一緒に園に泊りました。

次の日、公共交通機関が復旧し家に帰宅してホッと一息ついた昼頃、テレビでも、各地の被害の状況が伝え始められていました。東日本沿岸で津波が町をのみ込んでいく様子や、夜には真っ暗な中に炎が燃えている〝津波火災〟の映像を見て恐ろしく感じていました。しかしその後も連日、報道で被災地の状況は見てはいるものの、卒園式はどうするのか、福島原発事故を受けて園の畑で採れた野菜や水道水を飲むことはしてよいのかなど、日々の保育のことで頭が一杯になっていました。

被災地のことに目を向けられたのは五ヵ月後の八月でした。保問研会員から「被災地を見に行かないか」と誘われ、亘理町立荒浜保育所に行かせていただきました。同じ町内の亘理保育所の敷地内に建てられた仮設の荒浜保育所を見学したのち、本来荒浜保育所があった場所へも案内していただきました。向かうまでの車窓から見えたのは、ある地点を境に明らかに変わった町の風景でした。基礎しか残らない住宅跡や、不釣り合いな場所に置かれた船、海岸近くに行くと瓦礫の山で向こうの景色が見えない場所がいくつもありました。

荒浜保育所跡地も、基礎が僅かに残っているばかりでした。その中に残された、子どものトイレ用サンダルやブロックおもちゃ、保育日誌の切れ端を見たとき、「ここで子どもたちや保育者が生活していたのだ。それが津波によってすべて流されてしまったのだ」ということが唐突に実感として入ってきました。今思うと、災害の様子をテレビで見てはいたけれども、ただ画像として見ていて、そこに住んでいた人がいたのだという当たり前のことにさえ、思いを馳せていなかった自分に気がつき、そんな自分をとても恥じたのをよく覚えています。

案内してくださった鈴木由美子さん（当時、荒浜保育所所長）から「ここら辺はいちご農家がたくさんあったけれど、塩害でしばらくは作れなくなってしまっているようだ」「八月になって建物の撤去は進んできているけれど雑草が伸び放題で、そこに連れ込まれていたずらされてしまう子どももいた」といった話も聞きました。そこに住む人から直接聞く言葉と現地の風景を目の当たりにしたことで、〝災害に遭うということ〟〝災害に遭った後のこと〟に目を向けることがどういうことなのかが、やっと少し意識できたように感じました。

自分の被災地への想像力の欠如を自覚し、テレビや新聞だけで理解した気になってはいけないと思うようになり、被災地・復興地で起きていることを自分ごととして、自分の中に落とし込むことができれば、という思いから、現地に足を向けたいと思うようになりました。保問研でのつながりに恵まれたのと、職場で長期夏季休暇があったことも後押しし、それを実現することができたと考えています。

復興地で学んだこと（二〇一二年〜二〇一六年―亘理町に赴く中で―）

東日本大震災の翌年二〇一二年の夏。再び亘理町へ行きました。震災から一年四ヵ月経ち、瓦礫が取り除かれた場所は増えたものの、海岸に近づくと当時のままになっている倉庫や撤去を待つ瓦礫の山がまだまだあり、復興が進んでいるとも感じられず、やりきれない気持ちになりました。しかし、保育所に行けば子どもたちの明るい声や顔があり、復興の最中であっても子どもたちの姿やエネルギーはどこでも変わらないのだと感じました。

また、仮設の吉田保育所の建設が進んでいました。その上棟式のお知らせを荒浜の年長児が地域の集会所に持参した場に居合わすことができ、子どもを預かる場としての保育所ということだけでなく、保育所がその地域を明るくする存在にもなっていることを感じました。

仮設保育所に戻ってから、新しく設置されたウッドデッキや砂場など、環境を見学させていただきました。昨年見学したときには無機質な感じがしていた保育所が、このときには子どもたちが描いたであろう壁画があったり、植樹がされていたりして、温かみのある雰囲気が感じられました。鈴木由美子さんは「子どものすごしやすい環境になるように、どのように家具を配置したらよいか試行錯誤しながらやっていっている」とおっしゃっていました。後から写真を見てみると、昨年と棚の位置が変わっており、一年以上すごす中で子どもの動線を考えながら工夫されたのを感じました。また、棚の上にいちごパックの空容器にサツマイモの切れ端が水につけてあり、そこから青々とした芋づるが伸びているのを発見しました。私の様子に気がついた鈴木さんが「これね、芋の残りかすなんだけど、こういうちょっとした草花があると、ほっとすることもあるかと思って置いてるの」と教えてくださいました。

あらためて見渡してみると、小さなコップに散歩道で見つけたような野の草花が挿されているのがいくつかありました。私は、こうしたこまやかなことこそが日常を丁寧に豊かに生きることであるなと思い、果たして自分はこうした豊かさを持っているだろうか、日々の保育の中でそういうことにも気を向けられる人間でありたいと、強く感じさせられました。

二〇一五年三月下旬。三度目の亘理町に行きました。昨年には上棟式を行っていた荒浜保育所新園舎が完成し、その真新しい園舎を見せていただきました。津波対策でかさ上げした敷地、向かいには小学校があり津波の危険があった際にはすぐに避難できるようにと、立地も考えられていました。子どもたちを迎えたらきっと活気あふれる保育所になるだろうな、とこちらまで楽しみになる新園舎でした。

荒浜保育所の子どもたちは、お世話になった仮設保育室をきれいに大掃除したのち、敷地や部屋を貸してもらった亘理保育所（荒浜保育所に通う乳児は亘理保育所の保育室を借りており、幼児もプールを交替で使っていた）の子どもたちや職員とのお別れ会をおこなっていました。震災からおよそ四年が経っての、新園舎への引っ越しに、ワクワクしているような嬉しそうな雰囲気を感じました。しかし同時に、子どもたち、そしてその保護者、職員の方も被災・復興しながらの四年間だったのだと、年月の重みも感じました。特に職員の方は、保育をどうつくり直していくかを考えるだけでなく、合間をぬっての役場との確認や新園舎についての検討、引っ越し作業など、数多くのご苦労もあったのだろうと、推察しても推察しきれません。

二〇一六年夏。このときは震災を経験した保育所の避難訓練の様子を学ばせていただくため、吉田保育所にお邪魔させていただきました。避難訓練をどのように捉えているかをお聞きすると、「訓練は同じことを繰り返したところで意味がないと思っている。様々なシチュエーションをやるようにしている」しかも、いつ訓練が起きるのかは、所長の他、限られた人しか知らないとのことでした。こうした訓練を行うに至った理由は以下のようなものでした。

○災害時に逃げるリードを誰が取るのか。
○どのように作業（例えば火災であれば、消火をする者と、子どもを避難誘導させる者）を分担し、伝え合って避難するのか。
○子どもの人数確認をいつ・いかにおこなうか。

様々な状況を想定して訓練してみることで、本当の災害時の判断・動き方が違ってくるのではないか。そして、そのことは実は、常日頃の職員間の連携でも問われているものなのではないかとおっしゃっていました。

私の園では、繰り返し同じ災害想定・避難の仕方を毎学期訓練していました。そうすることで職員も子どもたちも動き方を覚え、スムーズに避難等ができるだろうと思っていました。考えてみれば、訓練で同じ動き方を覚えたとしても、実際の災害が起きたときには必ずパニックは起きるはずです。それを見越して様々な想定で訓練をおこなう、という発想がなかった私にとっては目から鱗なお話でした。

もう一つおっしゃられていたのは、「東日本大震災を振り返ると、津波が来るまで五〇分、第一避難所であった中学校まで行くのに二五分だった。そういうことが起きた。だから子どもを連れていかにスムーズに避難するかが大事。そのために、日頃から何を大事にするのかを考えなくてはいけない。子どもが保育者の言葉に耳を傾けるような保育をしていれば、非常事態でもそれは生きてくる。日頃やっている保育が、まさに子どもの命を守ることにつながる」この言葉は、とても重みのある言葉でした。

話が聞けるようになること自体が目的ではないし、ましてや、保育を円滑に進めるためにそうさせるのではないということをあらためて教えていただきました。また、災害時対応というと日頃の保育とはかけ離れた取り組みのような気持ちでいましたが、日頃保育で大事にしていること、例えば……
○先生や友だちといれば大丈夫という安心感・信頼感を築く。
○自分の気持ち（嫌だ、～したい）をきちんと言える。
○周りの状況に気がつける。
こうした力を育んでいくことが、災害という異常事態時でも子どもが自分の命を守ることにもつながるのだということを学び、日々の保育の重要性をあらためて捉えなおすことができました。

加えて、東京の災害想定はどんなものがあるだろうか？　ということをたずねられ、そうした、その地域に起こりうる災害を想定しておくことが大切だとも教えていただきました。この問題提起は、全国震災学習部の柱となりました。はじめは、被災地・復興地の実態を私自身が掴むために、現地へ赴いていました。そのことで、年月を経て変わっていく様子・変わらない様子を見聞きし、〝復興〟とは何かを考える機会となりました。と同時に、そこで保育を営む方々の姿から、自分の保育観を確かめ直す機会にもなっていると感じています。

自然災害とは異なる原発事故からの復興を見て
（二〇一七年一一月福島県双葉郡富岡町への訪問）

東日本大震災の際、津波の他に大きく問題になったのが原発事故だったかと思います。当時の原子力発電所が爆発した映像はとてもショッキングなものでした。職場の同僚に福島県双葉郡富岡町（原発から一〇キロの場所に位置）出身の者がいました。事故から六年が経った、二〇一七年四月、帰還困難区域が富岡町では一部解除になりました。私は実際に赴いて、現地の状況を知りたいと思い、同僚に案内をお願いし、東京保問研復興応援チームとして富岡町訪問を企画しました。

いわき駅から車で富岡町に向かう途中の檜葉町では、真っ黒いビニールに包まれた除染土が行き場が決まらず町に置かれたままになっていました。テレビでは「除染作業が進んでいる」と見聞きしていましたが、以前は田畑であった場所を除染土が覆いつくすように置かれている光景に異様さを感じました。

富岡町に着き、町中を車で進んでいきました。町中の建物は震災当時と変わらずに残っていましたが、中は暗く、人が生活している様子はありませんでした。聞けば、事故前は一六〇〇〇人いた町民は現在一三〇〇人、そのうち町内に住んでいるのは三〇〇人で、他はいわき市・郡山市・県外に避難、定住しているそうです。人が住まなければ当然建物は傷みます。それが町を物悲しいものにしているように感じ、人がいてこその〝町〟なのだと感じました。

同僚に、当時の避難の様子や思いも教えてもらいました。当時高校生だった同僚は、事故を受けて着の身着のままで避難を始め、そのまま六ヵ所を転々とすることになったそうです。六ヵ所目の避難先である親戚の家で、家族四人、一ヵ月半過ごしたそうです。高校も再開しておらず、四六時中同じ空間に家族や親戚がいる状態でお互いにストレスが溜まっていったそうです。そんなとき支えになったのは高校の友だちで、友だちには家族の愚痴も言え、ホッとできる時間になっていた、と聞きました。家族とは別の〝仲間〟という存在によって気持ちが救われることがある。そうした仲間関係を育む基礎を培う幼少期に、保育者として携わっているのだと身が引きしまる思いがしました。

また、一緒に訪問したメンバーからの感想に「〝七年間封鎖された町〟の背景には、町民の避難した場所での七年間の生活がある。その七年間をそう簡単に切り替えられたり捨てられるわけがない」といったものがありました。

除染が完全に終わるのに一体どれほどの歳月がかかるでしょう。そしてそこに人々が戻り活気ある〝町〟に戻るには、さらに時間を要するでしょうし、生活基盤を戻すこと自体が可能なのかという不安もあります。自然災害とは異なる、原発事故による被害からの復興は、長い目で見続けなくてはいけない問題だと思うので、ここに記させていただきました。

豪雨被害の現地に行って

（二〇一八年西日本豪雨―広島―、二〇一九年令和元年台風―東京・尾山台保育園―）

二〇一八年七月の西日本豪雨により、広島県でも土砂崩れや浸水による被害が相次ぎました。そこで、広島保問研の吉川継史さんと共に三名で小屋浦地区のボランティアに行きました。小屋浦駅までの線路が土砂で塞がれてしまったために、途中からバスに乗り継いで向かいました。

小屋浦地区は、砂防ダムの崩壊によって地区を流れる天地川が氾濫し、至る所が土砂、土木で溢れ、災害から一ヵ月経っても、崩壊したまま、土で埋もれたままの家屋が多くありました。ボランティアセンターで登録を済ませ、現場へ向かいました。

その日の作業は道に埋まった土砂をスコップやショベルカーで掘り、一輪車で土置き場まで運ぶというものでした。小屋浦地区は豪雨以来雨が降っておらず、一ヵ月間太陽にさらされた土砂は固まっていました。三五度を超える暑い日差しの中での作業で、現場リーダーが一五分おきに休憩を呼びかけてくれます。気持ちとしてはもう少し作業を続けてもと思うのですが、熱中症でも起こして作業をストップさせては迷惑になるし、身体も水分と休憩を欲していることに、もどかしさを感じつつの作業でした。しかも太陽にさらされて土砂の水分が抜けて多少軽いのかと思いきや水を含んだままで重く、スコップで掘り返すのは一苦労でした。掘り返しはショベルカーに頼って、私たちは一輪車で土砂を運ぶ作業をしました。ショベルカーではできない狭い路地をスコップで掘っていくと、階段が出てきて驚きました。元の地形がわからなくなるほどの土砂の勢いと恐ろしさを感じました。

二〇一九年一〇月には、令和元年東日本台風が起こり、各地で被害をもたらしました。東京を流れる多摩川も氾濫し、世田谷区尾山台にある尾山台保育園も浸水被害に遭いました。何かお手伝いができればと一週間後に訪問させていただきました。地形的に低い場所にあるため、以前から台風などがあるときに、トイレなどの水回りから排水が逆流することがあったため、今回も事前に水回りに土嚢を置くなどの対策をしていたそうですが、台風後現場を確認すると土嚢が吹き飛んでしまっていたそうです。階段三段分くらいまで浸水してしまい、一週間後に訪問したときも、室内には、洗浄・消毒を繰り返す食器類やおもちゃが置かれていました。布類のおもちゃを廃棄せざるをえなかったので、その作り直しや、手が回っていなかった職員駐輪場の汚泥を取り除く作業のお手伝いをさせていただきました。

一階の保育室が使えなくなってしまい、年長児を他園へ分散させるしかないかと考えていたそうですが、区立の園が年長児全員を受け入れてくれたことで、バラバラにならずにすんだと聞き、近隣園との連携の大切さを感じました。また、子どもがすごす空間を保障するための支援は行政には伝わりにくいとのことで、消毒などの対応は園から行政に要求していったということもお聞きしました。災害時、現場の状況や判断を行政に伝えていくことも考えるべき点であると学びました。

どちらの現場でも感じたのですが、水害は、まったく被害のない住宅街の中に、突然倒壊した家屋が出てきたり、道一本隔てて被害地域になっていたりと、被害のあるなしがはっきりしていました。日頃から自分のすごす地域のハザードマップを確認し、どういう災害が想定されるのか、どこに避難すれば安全なのかを把握しておかないといけないのだということを考えるようになりました。

おわりに

毎年のように日本各地で地震や豪雨による災害が起きており「いつ・どこで災害に遭ってもおかしくはない。そのときに子どもの命を守れるだろうか」ということを年々自分に強く問い直すようになってきました。そして、定期的に、また様々な、被災地・復興地に訪問させていただいて何より感じたのは、被災した中でも、子どもたちにとって必要なこと、子どもたちのために大事にしたいことを考えて環境を整えたり、保育を組み立てたり、あるときは保護者と協力したりしている保育者たちの柔軟で力強い姿勢でした。もし災害に遭ったときに、果たして自分にそれができるのだろうかと思うばかりです。しかし日頃の保育でやっていること、備えていることがそのまま活きてくるのだということも、各地へ行って学ばせてもらったことなので、考え続けていきたいと思っています。

最後になりましたが、忙しい保育や仕事の合間をぬって案内やお話をしてくださった方々に深くお礼を申し上げます。人と出会い、話をすることで、遠いどこかの〝被災地〟〝復興地〟ではなく〝あの人がいるあの場所〟として、思いを馳せることができているのだと感じています。これからも、そうし続けていきたいと思います。

コラム

熊本地震――保育園が私設避難所になって

たちかわみのり

さくらんぼ保育園

さくらんぼ保育園（定員一三〇名）は、震源地益城町の隣の熊本市東区に位置し、園下に緑豊かな公園と湖の広がる、自然に恵まれた環境にあります。二四年間の認可外保育園そして地域の力を借りて認可園になって九年目。二〇一四年には念願の新園舎を建設し、同時に「おうち」をイメージした一～五歳児が一緒に暮らす異年齢保育を始めて三年目です。

四・一四と四・一六のそのとき私は

四月一四日にマグニチュード六・五の地震が熊本県益城町を震源として発生しました。翌一五日は休園にし、飛び散ったガラスや棚の荷物などすべてを片付け、一六日からの保育に備えました。ところが、余震のはずが一六日一時二五分マグニチュード七・三の本震、これによって熊本県益城町、南阿蘇、熊本市が壊滅的な被害に遭いました。

熟睡していた時間帯で、いったい何が起こったのかわからないまま、泣き叫ぶ孫四人と一緒に車に避難しました。こんなに大きな地震が熊本で発生したことを受け止める余裕もなく、夜明けと同時に保育園に向かいました。園に着くと周りの駐車場に、お年寄りの方や子ども連れのお母さんやお父さんが毛布を頭からかぶり避難しておられました。園の状況を把握するために中に入ると、棚のものは散乱して足の踏み場もない状況でした。幸いホールと乳児室は物も散乱していませんでした。すぐ駐車場に避難している方々をホールに案内しました。

保育園が私設避難所になって

それから保育を再開するまでの八日間地域の人々の避難所として保育園を開放しました。保育園はプロパンガスと地下水でライフラインもそろっていましたので炊き出しもしました。多い時で七〇～八〇人の方が避難しておられました。

震災二日目には、全国保問研や保育関係者、友人知人、卒園児、保護者など多くの皆さん方から支援物資が続々と届きました。炊き出しに野菜が足りないとSNSにアップすると、有機の会の皆さんや保護者の方から野菜や卵などたくさんの物を届けていただきました。そのおかげで、避難しておられる方々に三食おいしい食事を提供することができました。地元の小学校の体育館で避難されている方々にも炊き出しするための食材や生活用品も届けました。せめてこれまでお世話になった地域の方々に恩返ししたいという一念でした。

小さい子ども連れの方や障害者の方など、夜中に子どもが泣いたりすると周りに迷惑をかけないか、障害者やお年寄りの方はトイレも和式で使いづらいとか、本当に大変だとわかりました。また、指定された避難所には支援物資が届きましたが、そうでない私設の避難所や車上で避難している人には、なかなか届きにくいこともわかりました。

今熊本の保育者の不安は

もし、お昼寝の時間帯に地震が起きていたら、子どもたちの命を守ることができたかどうか不安です。もちろん今後も子どもの命を守ることができるかどうか不安です。今後子どもの命を守る覚悟とそのための三・一一東日本大震災の経験を踏まえた避難訓練をしなければなりません。しかし、〇歳児一対三、一・二歳児一対六、三歳児一対二〇四・五歳児一対三〇という受け持ち定数で本当に子どもを守ることができるのか、私たち保育関係者が国や自治体に見直しを訴えることが、震災を経験した我々のやるべきことだと思います。

また、このような震災時に保育園が避難場所として地域の方々を受け入れるためにも、保育士の処遇を改善して、派遣に頼ることなく働き続けられる職場づくりを進めることもたいせつだと思いました。

Ⅳ

保育施設の役割を再考する

1 東日本大震災を体験して防災保育を考える

野呂アイ

東日本大震災から四年八ヵ月がすぎ、復興へ向かって順調に歩んでいるように見える。私は震災の発生した二〇一一年と翌一二年に、日本保育学会（五月）主催のシンポジウムで現状調査結果と課題について報告した。また、その報告書も一一年、一三年に刊行されているので、それらを基に震災の跡を振り返ってみたい。報告書の内容には、阪神大震災当時の資料も含められているが、岩手、宮城、福島の三県が対象の中心である。その中で私は、主として岩手県について担当している。保育問題研究会の全国集会が山形で開催された一一年には、主に宮城県内の被害の惨状報告が印象的であり、その後、放射能被害対応と共に福島県の状況も伝えられてきた。そこで、残る岩手についての資料提供がいささか参考にできれば幸いである。

岩手県における幼稚園・保育所の震災被害状況とその後

沿岸地域四〇ヵ園について岩手県関係部署からの資料提供による被災状況は、表1に示される（二〇一一年五月三一日　現在）。児童および教職員の被災では、園からの帰宅途中、また自宅で休

沿岸地域	施設被害（園数）			人的被害（人数）			
	全壊	半壊	浸水	児童死亡	児童不明	教職員死亡	教職員不明
保育所	12	2	5	25	16	1	1
幼稚園	2	0	2	12	2	5	1
計	14	2	7	37	18	6	2

表１　被災状況

暇中の死亡や不明となっている。保育所児のお迎えは八割にも及び、途中で被害に遭われたものである。少なくとも、保育中の人的被害は皆無だった。

因みに、宮城県の場合は、幼稚園、保育所において保育中に一〇数名の園児が犠牲となっている。幼稚園の場合は降園バス内であり、保育所では午睡後の避難時の出来事だった。いずれも遺族による訴訟の結果、町や園側が解決金を支払うほか、哀悼の意を表すなどの条件で和解が成立した。

想定外の震災ではあったが、いつ、どこへ、どのように避難することが大事か、という関係者による判断の違いが、命を守れるかどうかを左右する。

あの激震と巨大津波から無事に逃げ切った保育者たちの動きを、岩手の保育園の事例から紹介し、今後の防災保育にとって大切にしてほしい課題を考えてみた。

1●陸前高田市の私立T保育園の場合

市内の比較的高台にある保育園は半壊であったが、三年前に改築したばかりという可愛い園舎だった。海から五キロメートルと遠く、山間ということもあり、津波を想定していなかったので、何ももち出していない。防災無線は一度津波の恐れを伝えただけ。五分ほど経って津波が見え、近くの家が流されてきた。まだ新しい園舎に黒い波と共にいろいろの物が運ばれ流れついた。そして波の勢いは遊具も、職員の車も何一つ残さず運んでいった。迎えのまだ来ていない一五名ほどの園児と八名の職員が、一旦近くのコミュニティセンターへ避難したが、そこも危険であった。その後「安全」を確認しながら保護者の迎えによってお帰りをし、残った九名の園児、保護者三名と園長、保育士が、さらに山の方にある民家で一夜をすごした。そのお宅には非常用自家発電機の備えがあって温かい食事のみならず、テレビの画像を通して状況を把握できたのだった。翌日昼前に全員帰宅することができた。当保育園は一年間休園の後、元園舎に隣接した土地に建つプレハブの仮園舎で再開。分散していた園児や保育者たちが戻った。暑い夏、プールを設置できない狭い園庭に保育者の悩みがあったが、一四年四月から新園舎ですごしている。

2●陸前高田市の公立保育所の場合

海にごく近い気仙地区の公立保育所は全壊し休園状態の中、市中心部にあって全壊した公立保育所は、民間保育園の旧園舎を借用して保育再開となった。保育中の人的被害は避けられたが、地震直後に九八名の園児のうち、余震の中お迎えがあった一〇名の園児が帰宅途中に犠牲となった。しかも、高齢の祖母や祖父がお迎えに来て園児と共に波にのまれた。そのことによって、保護者への引渡しについての責めを負い続けている保育者たちの心理的な後遺症が深刻であった。従来からのマニュアルに従って、なるべく早く保護者へ引き渡すことを基本に対応した結果であった。家族の苦しみや悲しみが癒えるまで受け止め続けるという辛さが保育者側にも残っている。

「いのちを守り育む」という保育の課題が浮き彫りになった。いつ、どこへ、どう避難するのかと共に、いつ、どなたへ園児を託すのかの判断が求められている。園舎は現在仮住まいであるが、次年度新設の計画に上っている。

3●山田町船越地区の私立Y保育園の場合

漁業を生業とする町らしい、海に近い所に保育園があったことを思わせる。園児が四、五〇名だった保育園では、震災後は三〇名ほどに減少した。津波襲来の日、山手の人家のある方向へ逃げ、お寺が避難先となった。寒さを避けてさらに、お寺の保養施設まで山道をのぼった。道々振り返ると、大槌湾の方で赤々と火の手が上っているのが見えた。保育園は門柱だけを残して跡かたもない。その後、保育再開の要望に応えて保養所が仮保育園となった。車のすれ違いが難しいような山道であるが、登園、通勤には車が必要な場所であった。大広間を〇〜三歳児用と四、五歳児用に仕切って使用し、四、五歳児の活動を年齢的、発達的に考慮した。三歳以上児が一、二歳児の真似をするのが目立ったという。

当保育園は二〇一三年一〇月に高台へ新築落成されたが、日本赤十字社を通して台湾赤十字社より約一億九千万円の新築助成を受け、幼保一体型「認定こども園」として六〇名に定員を増して再出発した。けれども、これまでの保育園の名称は消えてなくなり、「日台きずな保育園」として生まれ変わった（ホームページより）。国際的に支援があり、比較的早期に再建されたのは幸いであったが、約二億円の建築費がなぜ自治体や国予算に計上されないのか、理解に苦しい。勿論、被災施設が多いので財源を寄付に依拠したには違いないが、被災地復興助成予算の確保こそ国の責任であろうと思われる。県内には、他にも海外の支援事業によって再建された園がある。

4●釜石市の私立U保育園の場合

かつて釜石駅と宮古駅を結ぶ山田線の鵜住居駅の裏・海側に保育園はあった。釜石市の北部、大槌湾に面したリアス海岸の中の風光明媚な地域として知られていた。地震と大津波は園舎を全壊、流失させた。市のハザードマップ（浸水区域）から外れたところに保育園は位置してあったが、震度六弱という大きな地震後に、園として避難体制に入った。在園児八七名のうち三〇名ほどはお迎えがあって帰宅し、他の園児は一二名の職員と共に避難した。近隣の小・中学校と同様に、指定の避難場所は老人介護施設（デイサービス）だったが、建物脇の山崩れが発生していたため、さらに南寄り高台の老人福祉施設をめざして歩き続けた。途中で出会った中学生たちが、赤ちゃんをおんぶしたり、抱いたり、避難車を押して助けてくれた。道々、おとなたち、車椅子のお年寄りも連れ立って逃げた。地震から三〇分余り経った頃、津波は介護施設をのみ、少し高台にある避難先の福祉施設の目前に迫ってきた。そこでさらに、南の峠の方をめざし、石材店に落ち着いた。保護者の強い要請があって、保育園は四月半ばから内陸にある公民館を代替施設として五四名の園児を受け入れて再開された。三歳以上児三六名と未満児一八名を二室の保育室を使用して、年齢別と混合の保育をそれぞれのメリットを生かして展開した。ライフラインの復旧が遅れて、給食は五月から可能となった。

当園は二〇一三年六月、国内外からの寄付と自治体の助成によって落成された。余談ながら、その記念式典と祝賀会に招かれて（日本保育学会よりの寄付への感謝として）参加したところ、二つの元勤務校卒業生の保育士二名と思いがけずに再会。二重の喜びであった。

保育の中の防災活動を考える

1●人間として生きる権利・最善の利益を保障する

被災地における保育者たちは、子どもたちの命を守るべく必死に避難体制に臨んでいた。保育園から離れた所で、自宅や路上で、子どもたちは津波に遭い犠牲になった。その点で保護者や地域との関係のあり様について検討課題は残った。

三陸沿岸部地域には、防災・避難行動をめぐって古くから「津波てんでんこ」という言い伝えがある。明治以来でも津波常襲地域と言われるほど大津波を経験してきた。この度の大震災で約一一〇〇人の死者・行方不明者を出した釜石市だったが、大槌湾に臨む鵜住居地区の小・中学校の校内にいた五七〇人余りの児童・生徒たちの避難時の行動が高く評価された。津波から率先して逃げ切り、自らの命を守って一人の犠牲者も出さなかったばかりか、地域のおとなに避難を促し、高齢者や園児たちの避難を援助した。こうした避難行動は日頃の防災教育の必然的な成果であると報道された。少なくとも、「釜石の奇跡」ではなく「出来事」であると。避難では「想定にとらわれるな」「その状況下において最善を尽くせ」「率先避難者たれ」を三原則とする。「津波てんでんこ」とは「津波が襲ってきたら家族の

ことはかまわず、てんでんばらばらに逃げて、自分一人だけでも生き延びろ」という教えを指して言われる。一見、薄情さや自分勝手をイメージさせるが、真意は自分の命への責任、家族相互の信頼に基づいている。それでは保育現場でこの教訓をどう生かすのか。子どもたちの命を守り抜くにはおとなたち・保護者間と保育者間関係の相互信頼が前提となる。

2●日常生活の居場所の確保とその安定性を図る

自宅や保育施設の早期再建が心身の安定・安心・健康に結びつくこと。仮設暮らしは一時的な場であることを覚え、ライフラインの復旧と日常の生活リズムを取り戻す課題を優先すべきである。居場所づくりに際しては、国や自治体の政策優先ではなく、住民の意思・意向をどれだけ反映して進められるかが重要である。地域住民の生業をはじめ、街づくりに際して民主的な手続きが優先されたのかどうかによって、その後の復興への動きが変わる。子どもたちはそうしたおとなたちの働き方や役割分担を見て、共に動きながら将来を展望したり、希望につなげたり、主体的な生き方を学ぶのである。乳幼児の「いのちを守り育む」という子ども観・保育観を保育現場で共通項とし、一人ひとりが生かされる集団生活の質の向上が保育課程に位置づけられていることが大切であると思われる。

3●避難・防災訓練や教育・保育に取り組む

震災後、防災マニュアルの見直しや整備が進められているが、地域的に複数園が共通に骨子を確認し合うと共に、園の事情に応じた独自性も必要であろう。教・保育職員が慌てずに適切に行動できるように訓練を行事として定期化し、子どもたちが避難行動を身につけることは大切であるが、日常の保育生活活動の中に「散歩」を位置づけることをもっと検討してみてほしい。散歩は体力を育むだけでなく、身近な環境、自然や地域社会について観察し、体験し認知する力の発達に結びついていると考える。

「被災」は、その後東日本だけの問題で終わっていない。自然・社会環境などをめぐる政策をも含めて、広く知見を磨くことが保育担当者に期待されていると思う。

〈参考資料〉

「災害時における子どもと保育」日本保育学会 第六四回大会 緊急シンポジウム報告書 二〇一一年一二月二〇日
「災害を生きる子どもと保育」日本保育学会 災害時における保育問題検討委員会報告書 二〇一三年五月八日
『歴史に学ぶいのちの大切さ』特集「震災の後を生きる子ども」発達 No.133 Vol.34 二〇一三 ミネルヴァ書房

2

災害時における保育所の役割

阪神淡路大震災を被災して

レポーター　増田百代

はじめに

二〇年前の一九九五年一月一七日午前五時四六分、私たちは阪神淡路大震災に見舞われました。その後の二〇年間の間に、地球上ではたくさんの自然災害に見舞われました。特に東日本大震災は地震によって引き起こされた津波と合わせて、原子力発電所の倒壊とあいまった甚大な被害が今なお収束していません。阪神淡路大震災は大火とたくさんの高層ビルや高速道路の倒壊をまねきました。おりしも、国は保育所の制度改革をもくろんでいました。当時の保育関係者は被災という現実を目の前にして、公的保育の充実を心から願っていました。

認可保育所の被害では、子ども（措置児）二九名、職員三名が亡くなりました。保育所の建物の被害は全壊五ヵ所・半壊一二ヵ所、その他破損したところは数限りなくありました。無認可共同保育所は全壊二ヵ所、半壊三ヵ所でした。

特別講座のコメンテーター大橋巳津子氏（左）、レポーター増田百代氏（右）

震災当時、保育士や保護者また支援にあった人々から、さまざま文章がよせられました。また、そのような資料が私の机の下にダンボールに入って眠っていました。その中の文章から、子どもたち・保育士・保護者・支援センターの活動に分けて整理してみました。

被災した子どもたち

①亡くなった保育所の子ども

大原勇太君は被災地の中でも一番被害の大きかった長田区と須磨区の境にある、神戸市立浪松保育所に通っていました。勇太君の家も保育所の近くにあり、そばにお母さんの両親の家がありました。お父さんとお母さんと小学校一年生のお兄ちゃんと勇太君の四人家族で、全壊全焼のため家族全員死亡されました。おじいちゃんの家も全壊・全焼でした。

当時、神戸市保育所父母の会連絡会で、おじいちゃんの引っ越し先を探しだして、弔慰金を届けたのは、桜も散って新緑の頃になっていました。「ダンプカーが飛び込んできたと思って外へ出て愕然としました。気がついて隣の娘の家に駆け込んで、上の子どもだけ引きずりだしました。火の回りが早くて後の子どもたちはどうする事もできませんでした。死んだ上の子どもを抱いてしばらく茫然としていました。気が付いたら、亡くなった子どもだけを抱いて、何時間も歩いて病院へ行き、また歩いて近くの避難所へ行き、子どもを死体安置所へ安置してしばらく座りこんでいました。自分が鎖骨を折っていることもわかりませんでした。けじめをつけるために毎週土曜日だけは泊りにきていました。私たちは娘夫婦とマージャンをするのが楽しみでした」とおじいちゃん。「娘夫婦は金持ちでも、地位があるわけでもありませんが、とても幸せな家族でした」とおばあちゃん。「泣いても仕方がないけれども涙がでて仕方がない、私はもうすぐ手術をうけます」とおじいちゃん。二人きりになられたご夫婦は大家さんの好意で北区のワンルームマンションに住んでおられました。尋ねてきてくれたことを喜んで下さったことを、昨日の事のように思い出します。

②命があった

一九九五年一月三〇日、朝日新聞はこのように報道しました（当時の新聞報道より）。

『「おうちがない」としか、しげちゃんは言わない。両親・兄を失った長田区の四歳児「知ってるはず……」気づかう祖父母ら』

神戸市長田区に住む四歳の男の子、「しげちゃん」は、阪神淡路大震災で孤児に。全壊した自宅の瓦礫のしたから、約三〇時間後に救出されたが、ケミカルシューズ会社に勤める父（三二）と身重の母（三五）、小学校一年生の兄（九）は圧死した。親代わりとなって育てる決意の祖父母をはじめ親類は、しげちゃんに家族の死亡をまだ伝えていない。しげちゃんは気づいているようだが、周囲に家族の安否を尋ね、気丈に振る舞っているという。ＪＲ新長田駅近くにあった自宅は、一七日の震災で北側の壁付近だけを残して、隣りあった家とともに倒壊した。

翌一八日の朝七時すぎ、自衛隊員四人が救助作業中、かすかなうめき声がした。伯父、叔母らは、弟家族四人の名を呼び続ける。一〇時ごろ、瓦礫の間から動く足が見つかった。しげちゃんは、家具とテレビの隙間に横たわっていた。両親と兄は息絶えていた。兄の遺体は、ぬくもりがまだあった。

しげちゃんは病院で点滴をうけたあと、被災した父方の祖父、祖母、伯父らが避難した小学校の体育館に向かった。受ける衝撃を考えると、家族の死を告げることはできない。しげちゃんは「おうちがなくなった。いくところあらへん」としか言わない。

一八日夜、一度だけ涙ぐみ、つぶやいた。「おうちに帰りたい」と。

祖父は「しげちゃんを引き取って育てる。でも、年が年やから、もしものときはあとを頼むで」と、伯父に話した。落ち着き先が決まるまで、二〇日から大阪市の親戚宅に預けられた。三人の葬式は二四日に営まれた。

伯父は「何にも言わんということは、事実を知っているんやと思う」。伯母は「元気に振る舞う姿を見るのがつろうて……」と目頭を押さえた。

伯母は区役所で事情を話し「祖父を仮設住宅に入れほしい」と訴えた。二七日、仮設住宅を申し込んだ。

③疎開した子どもたち

震災が起きて事務所に復帰して、最初に感じたことは神戸から子どもが消えたと思いました。支援活動の中で保護者はいち早く子どもたちを安全な場所に疎開させたことが明らかになりました。保護者の子どもに対する愛情を感じました。一万人近い子どもたちが疎開しました。管外措置された子どもは一七六〇人でした。子どもたちは、兵庫県だけでなく日本全国へ疎開して行きました。初めは親子がバラバラになることへの疑問を持ちましたが、避難所や保育所を訪ねる中で、親は我が子を一番安全な場所へ移し自分の子どもの安全を守ることがわかりました。

④家族で疎開

神戸市の民間保育園の保育士、北田さんの家族は、団体職員をしている夫と、被災当時剛君（八歳）幸ちゃん（五歳）啓子さん（当時妊娠七ヵ月）おばあちゃん（足が悪い）の五人家族です。一七日は全員で寝ていました。

北田さんは、『おなかの子どもと幸せいっぱいのとき、ゴーと音がして目が覚めました。その後、ゆれがきて底が抜けると思いました。寝ていた部屋にはテレビだけしか置いていませんでしたが、そのテレビが夫のところに飛んできました。真っ暗で何が何だかわかりませんでした。夜が明けてからおばあちゃんを助けて外に出ました。前の家が倒壊して倒れかかっていました。その凄さを見てこれは大変だと思いました。貴重品だけを取り出して、車に乗りました。周りはガス臭く、火事の危険を感じました。安全な場所を捜して車を移動させました。学校への避難も考えましたが、寒さとおばあちゃんのトイレのことを考えて集会所のそばへ車を置いて、壊れかかった家から食料を取り出して、その日は車で寝ました。一八日、疎開を考えて兵庫県、西の姫路のおばあちゃんの実家へ四時間かけて移動しました。自然の美しい所で子どもも私もほっとしました。剛の学校のこと将来のことを考えて、一週間後、堺市の主人の弟の側に家を捜してもらって移動することにしました。陸路は無理と判断して、車で岡山へ出て、四国へ渡りフェリーで堺につきました。一〇時間の道程でした。一月三〇日、学校と保育所の手続きに行きました。剛の先生はすぐに訪ねてくださって「僕のクラスになってくれてうれしい、疎開して来た子どもが三人います。学用品は全部そろえますから安心してください」そう言ってくださいました。剛はその日から元気に通学して友だちもたくさんできました。福祉事務所もその日の内に会議を持ち、夕方措置決定の通知をわざわざ家まで知らせに来てくださいました。幸も保育所へ通い、とてもよくしていただきました。それでも幸は、私が身重のことと、保育所の集団が今までの保育所より大きいため、なかなか慣れてくれませんでした。ここでの定住を考えて、夫と二人で就職活動をしましたが、職が決まらないまま出産のために尼崎の実家に戻り、四月三日に無事女の子を出産しました。一ヵ月後、堺へ戻りました。家族そろってよく話し合い、五月に神戸へ戻る決心をして帰ってきました。今は神戸に戻って、保育の仕事につきました。仕事は楽しい、問題は山ほどありますが、夫の就職も決まり、何よりも優が生まれてよかったと、涙ぐむ姿が印象的でした。

と、当時の私の原稿に書いています。

剛君も幸ちゃんも、ゆうちゃんもいまではおとなになりました。

保育士たち

①小笠原富美子（公立保育所保育士）

水道、ガス、電気も止まり、顔も洗わずに保育所に出勤する用意をしました。通帳などの大切な物をリュックサックに詰め、単車を走らせました。途中毛布にくるんだ老人を乗せた単車を見て初めて涙がボロボロこぼれました。道路の地割れ、今にも落ちてきそうに傾いた家、二階が一階になった家、落ちた瓦の破片をよけながら一目散に保育所に向かいました。いつもの通勤コースを走りますが、火の手が上がり通れなかったり、後戻りをして公園の中を通ったりして九時すぎに保育所に着つきました。すでに八時出勤の保育士二人が来ていました。割れた水槽や濡れた書類を片付けました。先に来ていた二人に帰ってもらい、保育所の被害状況を記録しておこうとカメラに納めました。部屋の中は物が散らばり、メチャクチャでした。建物の被害はほとんどなく、しっかりとたっていました。ただ、運動場南三分の一位のところで亀裂が走り、塀が内側に倒れかかっていました。

二日目からは乗り物が不通で、歩いてきた保育士数名で、子どもの安否確認のための電話をしたり、家や職場や兄弟の学校回りが始まりました。その間、連絡のとれなかった職員からも「家が全壊で数針縫う怪我をし、小学校で避難生活をしている」「全壊で避難所生活をしている」「半壊」「一部損壊」との連絡が入り、ほとんどの職員が被害にあっていました。私の家も半壊になり、その日以降、妹の家から保育所に通いました。子どもたちも全壊、全焼、半壊など大きな被害を受けながらも八四名全員の無事を確認しました。残念なことに、子どもの祖母が一人倒壊した家の下敷きになり亡くなられました。それらをすべて確認するのに、二四日の午後四時半頃までかかりました。その間、二二日には保育所に電気がきて、暖房もつきホッとしました。

何かしなければと、一月二五日より、保育所の子どもたちが避難している神楽小学校の校庭を借り、一〇時より一二時まで紙芝居や携帯マイク持参で青空保育をするグループと、福祉事務所で障害者の名簿作りと電話連絡、家庭訪問という担当に分かれて外に出はじめました。

②馬谷友美（公立保育所保育士）

震災二週間たって、ともかく、保育所の状況をまず把握しなくてはと、公立二六ヵ所の保育所に電話をし、暖房の状況、水、ガスの状況、また保育をするにあたって困っていることや必要な物資は何かをリストアップしました。二月七日の時点で、暖房の使えない保育所が一六ヵ所、水が出ない保育所が一二ヵ所、ガスが出ない保育所が二二ヵ所。必要な物資としては、ホットカーペット、電気ストーブ、灯油ファンヒーター、電気エヤーポット、卓上コンロ、ボンベ、ウェットティッシュ、ノンアルコール赤ちゃんのおしりふき、ペーパータオル、使い捨て食器、紙オムツ、衣類などでした。たった一枚のホットカーペットで、暖をとりながら、子どもと保育士がよりそって生活していると聞きました。早速、他の組合員と協議し、翌日、福祉部局長に「暖房対策と必要物資の速やかな調達」を申し入れました。翌週には、その対策がとられ各保育所から助かったとの連絡を受けました。

震災以後、福祉局は、被災者への義援金、被災証明、弔慰金、特別融資など莫大な業務を抱え、本来の業務ができず大変でした。そんなときだからこそ、現場から積極的に要求を出していくことの大切さを感じました。また、自治労連の災害対策本部も被災後すぐに作られ、全国の自治労連の仲間の皆さんから支援物資を届けていただき、それを公立保育所だけではなく、私立や家庭保育所にも手分けして配り、とても喜ばれました。

この震災で、保育所の子どもが九名亡くなりました。とても残念です。被災による転出で約一五〇名の措置児童が減りました。他市からは緊急に二〇名が入所してきました。地震の恐ろしさは子どもたちにもしばらく残っていて、夜、熟睡できなかったり、保育所でもいつも保育士の後を追っていったりする様子がみられ、しっかり抱いて安心できるような保育を心がけました。

③相見裕代（民間保育園保育士）

朝日が昇り、崩れた街が照らされてきたとき、事の重大さを痛感し、そして呆然としました。食べ物がない、水がない、電気もない中、家にも帰ることができず、私は一七日から近くの小学校へ避難しました。父と母の三人の避難生活がその日から始まりました。

被災にあったときに頭に浮かんだのは、やはり家族のことでした。恥ずかしいことですが、自分が保育士という仕事をしていることも頭から飛んでしまっていて「保育園に行かなくちゃ」「子どもは大丈夫か」ということよりも「これからどうやって生きていこう」と自分自身のことだけしか考えられませんでした。

私の保育園はとても古く木造でした。私は崩れた建物を横目に、ひたすら歩きながら「きっと保育園は潰れている」と思っていました。しかし、一七日お昼ごろに「建物は大丈夫」という電話がかかってきて、ホッとすると同時に驚きました。

避難所生活が始まり、物資をもらうことが日課になりました。食事をもらう度に行列ができ、二時間ほどならんで待ったこともありました。一週間、自分自身のことだけ考えて生活しました。物資をもらうだけの生活をすることが嫌になって、三〇日からボランティアとしてその小学校の中で活動しました。避難している人たちのため、自分たちのためと思って、朝六時から夜一一時まで働き続けた事もありました。でも、何かが満たされない、何かが足りない……もっと自分を求めている場所、自分の役割が他にある気がしました。それが何であるかは、はっきり言えないけれど「私の居場所はここではない」と思いました。それから何日間か避難所で活動する自分と、そこに矛盾を感じる自分が心の中で葛藤し、もやもやしてきました。そして、園へ電話してみると園長先生から子どもたちの様子を聞くことができました。私と同じように小学校で避難生活をしている子、家が崩れて田舎へ行っている子、地域に残って生活を続けている子……それらを聞くうちに「そうだ、私は保育士なんだ。子どもたちに会いに行こう」と思い立ち、その一心で保育園に泊まることにしました。

保育園に泊まったのは二日間でしたが、その二日でいろいろ考えました。避難所での子どもの生活、お母さんの生活、保育園として何ができるのかなど。二日の間に、小学校の避難所へ行き、数人ですが子どもたち、お母さんたちに出会うことができました。布団の合間をぬってあそぶ子どもたち、おとなの間で小さくなっている子ども、途方にくれながらも、これから何かしようとしているおとなたち……。そして何よりも「せんせい！」と何もなかったかのように目を輝かせて、布団の上で笑いかけてくれた子ども、明るい声で「先生、来てくれてありがとう」と言ってくれたお母さんに出会って、私は保育士としての自分を取り戻しました。保育園は次の朝、二時まで保育をしています。必要とされる方は昼食と飲み物を持ってきてください。という内容のポスターが貼られました。

幸せなことに保育園の児童への被害はありませんでした。つぎつぎに子どもたちが増える中、受け入れにも矛盾が出てきました。安全とされていたのは二階だけだったので、保育は二部屋で合同保育、一歳から五歳児を一〇〇名近く保育していくことに限界を感じていました。だんだんと保育時間が延びていき、午後五時近くまで残る子どもも増えてきました。お母さんたちも仕事を再開し始めました。週に三日出勤というシフトではまわらなくなり、自分自身も通勤時間に往復六時間もかかり、精神的にも肉体的にも疲れてきました。でもこの大変なときに、自分も保育園の保育士として力になりたいと思いました。西区・北区の方から通勤する職員に負担がかかり、東灘区の職員は通勤時間がかかることから拘束時間を短縮してもらいました。

④小田ユミ（民間保育園保育士）

クラスには仮設住宅から通ってくる子どもが三人います。隣のクラスを合わせると五人です。五人中三人は母子家庭でした。でも、その内二人は再婚し籍に入り、妊娠中などうれしいニュース続きです。また子どもたちのたくましさを感じます。地震のとき、年長さんだった子どもたちは震災を見事にのりこえたように見えました、しかし震災で仕事を失った家庭では家計のやりくりなど、思いがけない事が続いています。自分の夢を追い続けてやっと持てた自分の店が全壊した家庭、父親が一週間に一度しか帰ってこない家庭もあります。また夜の仕事に就かざるをえなくなったり、祖父母と同居など、子どものまわりにはいろいろな変化があり、私には見えない部分がたくさんあります。地震をきっかけに神戸を離れた子どもが、すっかり新しい土地に慣れたのか、手紙が来なくなりました。しかし、母親は神戸に帰りたいと言い続けています。

時々、仮設住宅の一人暮らしのお年寄りを、子どもたちと訪ねていくと、目に涙をいっぱいためて「子どもの手ってこんなに小さいかったんだね」と一人ひとりの手を取って頬ずりされます。そのおじいちゃんの冷蔵庫には油とマヨネーズだけしか入っていませんでした。

クラスには地震のとき、電気ポットのお湯がこぼれて火傷をして傷が残っている子どもがいます。地震の話になると必ず火傷の事を言っています。

私たちは、苦労が父母にも子どもたちにもいっぱいあっただろうし、今もあるだろう仮設住宅の一人ひとりの子どもたちの気持ちに寄り添い続けたいと思います。私もこの三月にやっと、住宅が決まりました。毎日帰る場所、眠る場所、それは人間にとってやっぱり欠かせません、それが今、身にしみてわかりました。

⑤中島泰子（無認可保育士）

太田共同保育所はマンションの一角にあり震災で全壊しました。

一月二三日、保育士が集まって、各避難所や家を回り在園児や卒園児を訪ねました。三分の一の在園児の消息がわかりましたが、電話もつながらず手がかりがない家も数件ありました。

一月二五日、兵庫県保育運動連絡会の事務所で職員会議を開きました。続いて二八日、運営委員会を開きました。運営委員も被災しており避難所より駆けつけてくれました。それぞれの生活も大変で太田共同保育所までは手がまわりませんでした。しかし三〇年の歴史を消すことはできないということで保育所の場所をなんとか探すこととなりました。三〇日、対市交渉で保育の場所を提供してほしいと訴えましたが、保育課の担当官は、とにかく疲れている様子で、無認可の太田の要求など受け入れられないとの返事が返ってきました。

二月二日、在園児の親の好意で、園児一名で垂水区で保育を再開しました。ボランティアの援助を受けて保育を行いながら、場所探しを行いました。二三日、園児の父母が当時住んでいた家を提供して下さり、もとの長田区にもどりました。そこを拠点にして、ボランティアの力を借りて公園で青空保育を始めました。

三月三〇日、神戸市無認可保育所連絡会として市交渉を持ちました。神戸市は破産状態だから通常の助成金しか出せないとの返事が返ってきました。家探しが思うように進まないので、神戸市無認可保育所として住宅局へ仮設プレハブの建設を申し入れました。四ヵ月間、実にさまざまな人から有形無形の支援をして頂き、どれほど私たちが励まされたかわかりません。まだこれから先の見通しがまったくない状態ですが、父母、保育士、運営委員がじっくりと話し合いながらすすんでいきたいと思いました。無認可ということで行政からほとんど援助がない、子どもを守るために公的援助をしてもらいたいと根気よく運動していきたいと考えました。

⑥内田敬子（無認可保育士）

虹の子家庭保育所・市庭家庭保育所・太田共同保育所が全壊、藤原家庭保育所・森下家庭保育所も全壊に近い状態、宝塚ひよこ家庭保育所も半壊でした。

無認可共同保育所「ひよこの家」の保育士、内田敬子さんは、阪神高速道路が倒壊した、東灘に住んでいました。夫と母親と娘さんと四人暮らしでした。一階におばあちゃんと本人夫婦が就寝、娘さんは二階に寝ていました。おばあちゃんが先に起きて火をつけたのではないかと思われます。一階部分がつぶれて火事になりました。三人とも区別がつかない程焼けて亡くなりました。当時一八歳の娘さんは、たった一人になって、おばさんのところに引き取られていきました。また同じ保育所の保育士は、保育所の少し南に住んでいました。家を出てみると目の前に高速道路が倒壊していて、びっくりしてあわてて歩いて保育所に向かって行く途中、友人の家が全壊していました。下敷きになった八歳の子どもを掘りおこしているところに通りあわせ、その子どもを預かり、近くの学校の避難所にその子どもを連れて行き、両親が来るのを待ちました。しばらくして、その子どもさんは亡くなりました。お母さんがなかなかこないので亡くなった子どもさんを置いて職場に行けないため、その子どもさんと一緒に避難所でお母さんを待ちました。お母さんが避難所についたのは五日後でした。

保護者

①打出保育所保護者会（保護者会ニュースより）一九九五年発行

「保育所でいっぱいあそんだら恐い夢忘れるねん」

一九九五年一月一七日午前五時四五分、私たちは生涯忘れられない恐怖を体験しました。芦屋市保育推進協議会の役員として一四時間程前に入所相談会を終え、少し疲れた休み明けの朝になるはずでした。比較的被害が少なかった我が家でしたが、二時間程で電気が復旧したときテレビの画面面に映し出された惨状、一歩外に出ると目に入る光景に衝撃が体内にズン、ズンと蓄積され、心が底知れず沈みこんでいきました。

余震に怯えながら、とりあえずは辺りを片付け終えると、夫と六歳の娘は、テレビに釘づけになり恐くて動けないわたしを置いて、近所の保育所の様子を見に出かけました。帰宅後、お友だちのお家はなんとか大丈夫だったこと、保育所も地割れはあったけど無事で、所長先生が来ておられたので少しお手伝いをしたこと、チャボにエサをあげると、朝から何も食べてなかったからかすごい勢いで食べたこと、うれしそうに報告してくれました。娘にとってこんなときいちばん心配になるのが保育所と友だちなんだな、とその存在の大切さを実感し、その無事に感謝しました。

あれから一ヵ月、保育所は公立四ヵ所、私立三ヵ所が再開しましたが、娘の通う打出保育所と精道保育所はまだ再開の日が決まっていません。足の悪いおばちゃんが頑張って見ていてくれるので、他の保育所には行かず打出保育所の園庭開放に参加しています。あとひとつきしか保育所に通えない娘に一日でも多く打出にいさせてやりたい……。思うようにならない現状へのわずかながらの反抗です。

地震から二、三日たった頃でしょうか、刻々と被害を伝えるテレビを親子で見いっていたとき娘が「おかあさん、まきたち死ぬの?」と聞きました「大丈夫、大丈夫、死なないよ」そう答えながら(本当に大丈夫?)と自分自身に問いかけていたように思います。そんな母親の気持ちに気づいて不安になっていたのか、三週間後ぐらいに恐い夢を見たと泣きました。同時に「もう地震いやや、二度ときてほしくない」とも言うのです。もっと恐い思いをした子どもたちがどんな思いでいるだろうかと胸が痛みました。けれどあくる日、保育所であそんでくると「保育所でいっぱいあそんだら恐い夢忘れるねん」と元気でした。他の保育所で暖かく迎えてもらっている子もいますが、やはり慣れないせいか親子ともに気を遣ってしまうそうです。

おとなでも人生観が変わるくらいの大災害、そんなときだからこそ子どもたちに一日でも早く保育所での生活を取り戻してあげたい。そんな思いに駆られて保育課長との会見に行きました。打出は避難所になっていて何人もの方々が生活しておられます。家をなくした方々を追い詰めるようなことだけはしたくない……保育所の再開を求めることに大きなためらいがありました。しかし避難者にも保育所にもいい方向の解決策はきっとあるはずです。避難されている方々にも子どもたちにも当たり前の生活をどう保障するかが、これからの復興にむけての行政の仕事だと思います。この状況下で保育所の必要性はますます高まるであろうと予想されます。今こそ保育所がその本来の力を広く市民に発揮するときだという前向きの希望もこめて、あと二ヵ所の保育所の一日も早い再開を祈らずにはいられません。

そんな思いを共有することのできない遠いところに去ってしまわれた精道保育所の犠牲者の皆さんに、合掌。

（打出保育所　渡辺麻理子）

②中川良子（神戸市保育所父母の会連絡会）

震災一ヵ月をすぎたころから、子どもたちを実家に預けたり、他市に避難していた人たちも戻り始め、四月を目途に何とか生活を元に戻していこうと親たちの努力が始まりました。

神戸市内の公立保育所では、震災後の保育所再開、開所の判断は各保育所の所長に任された状態でした。灘区を除いたそれぞれの区では、所長会がもたれ再開に向けて動き出しました。しかし、灘区は他区に比べ被害が大きかったため、所長会がもたれず、また保育所自体が避難所になっているなどの悪条件が重なり、震災後一ヵ月をすぎても一ヵ所も再開の目途もたたないまま、日を重ねる結果になりました。

その後、灘区の父母の会では、三月に入り行政をあてにしていては再開できない。自分たちの手で保育所を再開していこうと、たち上がりました。それぞれの家庭に電話を入れ、子どもの状態、親の状況を調べることから取り組みを開始しました。

その結果、仕事を休んでいる人、遠くの実家に子どもを預けている人、他の保育所に預けている人、職場に子どもを連れていっている人など、状況はさまざまでした。でも一様に、保育所が再開されたらすぐにでも預けたいというお母さんたちの声が返ってきました。

父母の会では、保育所再開は親たち、子どもたちの願いと受けとめ、一ヵ月間あまり連日のように所長との話し合いをもちました。三月も終わりにさしかかった三月二四日、避難者の一家が仮設住宅に移ったということで、何とか一保育室での保育が再開されました。

そして、もうすぐ四月になろうとする三月二九日、卒園式も行われ、遠くに散り散りになっていた卒園児たちもこの日には多数出席し、子どもの巣立ちを喜び合いました。

六月には仮設の保育室が園庭に建設され、保育環境も少しずつ整備されつつあります。これからの保育所再開に向けての父母の会の取り組みが、震災でバラバラになってしまった父母同士のつながりを、さらに確かなものにするとともに、小さな単位でも保護者会を存続させることの大切さが、あらためて認識されるきっかけになっています。

支援センター

①支援センター立ち上げ

幸い、兵庫県保育所運動連絡会の事務所が無事だったため、兵庫県保育所運動連絡会・神戸市保育所父母の会連絡会・兵庫保育問題研究会・神戸保育問題研究会・全国福祉保育労働組合大阪地方本部・社会福祉施設経営者同友会で支援センターをたちあげました。

②阪神大震災　保育子育て支援センターニュースより（一九九五年発行）（地震の正式名がまだ決まってなかった）

保育支援センターを開設しました。増田百代（兵庫県保育所連絡会）

一月一七日、未明、兵庫県を襲った地震は一瞬にして私たちの生活を奪いました。一週間は我が身を守ることと、つぎつぎに起きる出来事に追われました。二週間たったころ保育所の子どもを保育したいとの思いから、保育所再開に向けて立ち上がりました。人から人を訪ねて連絡を取り、保育再開にこぎつけたときは、一月も終わっていました。

「保育するからね」……しかし、家がなく、水、ガスもなく、ずたずたに寸断された交通機関の中で保育所にこられる子どもは、わずかでした。厳しい中、保育に立ち上がった保育者の心を寂しさがよぎりました。幼い子どもはどうしているのか知りたい。でもあまりにスケールの大きい震災に手も足も出ない虚しさが襲ったとき、頑張れと全国の励ましの声が聞こえてきました。

また、次の行動を具体的にできないで悩んでいるとき、大阪の仲間が訪ねてきて下さって「被災した乳幼児のために一緒に支援活動をしましょう」と言っていただきました。今、その方々と一緒になって「保育・子育て支援センター」を開設することができました。手さぐりですが、児童福祉法の基本理念を心にしっかり抱いて頑張りたいと思います。よろしくご支援お願いします。

保育・子育て支援センターの活動

①民間保育園の調査と要求集約
②避難場所での子どもの実態調査と生活支援
③保育・子育て相談
④民間保育園への保育ボランティア

応援して下さい（今、こんな活動をしています）。

①避難所での乳幼児を訪ねて保護者とお話しながら、子どもの状況や生活要求、悩みなどを聞き取りそれに対応していきます。
②避難所で乳幼児の保育を始めます。
③自宅で生活している乳幼児を訪問し悩みなどを聞き取り、それに対応していきます。

③避難所に子どもを訪ねて

〈避難所での保育を働きかけたい　高橋悦子（麦の子保育園）〉

今回の震災で被害の大きかった長田区にはいりました。無残にも瓦礫と焼けた跡の街と化した街並みに、足取りも重くなりがちでした。

避難所の駒ヶ林中学校（避難者・現在一〇〇〇人）と市民センター（四六〇人）の二ヵ所を訪問してきました。それぞれ、びっしり布団がひきしめられ足の踏み場もないほどでした。乳幼児の多くは親類や知り合いの所に避難しているそうですが、二ヵ所で一五、六人の子どもたちが生活していました。あそび場がないので部屋のすみっこで一人でトランプをしている子、お菓子を片時もはなさず食べつづけている子、また生後二ヵ月の赤ちゃんは、落ち着ける場もなく避難所を転々としてきたそうです。保育所の生活では考えられない子どもの姿を目のあたりにして、早く何とかしなくては、との思いが募りました。しかし話しかけると、お母さんも子どもも快い対応で、持っていったわずかなぬいぐるみや衣類に大喜びして下さり、もっと行き届いた援助をと切実に思いました。明日は避難所での保育を働きかけてみようと思っています。

④統一行動

二月一一日（日）は二〇〇人以上の応援で青空保育をしました。

〈統一行動盛り上がる〉

一一日は兵庫の保育関係者が震災後初めて顔を合わせ、灘と東灘で統一行動を計画、一一時から三時まで青空保育などを行いました。県外からの応援もあり二〇〇人以上が参加しました。灘保育所に集まった班は、児童館、保育所、幼稚園、避難所を巡回、子どもの状況や聞き取り調査と保育用品など必要物資を配布しました。灘保育所は、ぜんざいの炊き出し、青空保育、子育て相談などを行いました。

〈参加者の声〉

○ときどき見かける子どもたちの表情は暗くストレスがたまっている感じ、声をかけても帰ってこない。どこも危険であそぶ場所もない。

○がれきの中をぬって歩いたが、衛生面が気になる。

○徒歩で巡回、避難所の規模もさまざま、子どもの姿はあまり見かけず、両親の実家に疎開しているケースが多いようだった。

○物資は届いているが配給する手がない。ほしいものが届かない。小さい避難所や細かいところには行政の手がまわらない。

○保育所に関しては、再開の見通し、未来のこと、保育料のこと、など親たちの職場復帰にともない悩みが増えてきました。

（支援ニュースNO四号より）

⑤支援センター活動報告

（1）見えない乳幼児の姿・必要な個別対応

今も、被災された多くの人々は、家族のこと、家屋のこと、職のことなど大きな不安をかかえたまま、きびしい避難所生活を強いられています。こうした状況の中で、乳幼児が一体どんな状況にあるか、幼い子どもをかかえた親にとって何が一番問題かが、把握されていませんでした。

私たちは長田区を中心に、避難所での乳幼児の生活実態を知り、子どもの生活にかかわって、親の気持ちや要求を聞き、子どもに必要な物資を届けるなどの個別的対応を行ってきました。また、避難所生活で、少しでも楽しい一時をすごしてもらおうと、できるところでは保育活動をしています。さらにセンターでは保育・子育て相談に応じる一方、保育所の開所状況を集約するなど住民への正しい情報提供を行っていきます。

（2）気をつかい、願いは「おうち」

震災から一ヵ月が経ちましたが、避難所では罹災者の一％前後の乳児が生活しています。私たちは二ヵ月からの乳児二〇〇人に調査と個別対応を行ってきました。何よりも、親も「早く仮設住宅に入りたい」子も「お家に帰りたい」が切実な願いでした。「泣くので」「騒ぐので」まわりに気をつかい、子どもの「まとわりつき」も日に日にひどくなっていきます。子どもも「夜泣き」「おねしょ」が増え、不安から「保育所にも行きたがらない」、喘息がぶり返し、あそび場もなく、避難所では一人あそびは危険がいっぱい、といった状況です。私たちは保護者と一緒になって、子どものことを話し、育児相談や、その場で保育も行っています。

（3）行政の手で巡回相談を

避難所の多くは乳幼児の状況を把握していませんでした。しかし、ある避難所では養護教諭が乳幼児とお年寄りの状況を掴んでいる所がありました。アレルギー児童のため後日、養護教諭にワセリンを届け、対応をお願いしました。親にまとわりついて離れない子も、保育士の働きかけで保育に入ってきます。復興のための片付けのお留守番保育や、公園では「青空保育」も行っています。また、須磨区の鷹取中学校では私立保育園連盟の支援で「青空保育」が始まりました。御影高校でも教師の要請でボランティア保育士によって「青空保育」が実施されています。

このようにやっと乳幼児の存在に日が当てられてきましたが、子どもと親の表情は、日をおって厳しくなってきています。ボランティアの対応では量的にも、長期的視点においても充分なものに成り得ません。保育士や保健婦、養護教諭が乳幼児のための避難所への巡回育児相談など行えるよう、行政及び保育関係者に要請していきます。

（支援センターニュースNO、六号）

⑥支援センター活動から浮き彫りになった、子どもと保護者状況

○御蔵小学校・真田あずさ（五歳）真田のり（四歳）

保育園へ被災前まで通っていました。家が全焼し、保育園も全壊しました。とても寒い、家がめちゃくちゃでここへ来ました。この子らのお母さんは難病で寝ているので祖母が面倒をみています。保育園の先生が訪ねて来てくれて、卒園式はどこかでやってあげたいと言ってくれました。

○市民センター・加東涼（二ヵ月）加東美紀（四歳）

美紀ちゃんは四月から幼稚園に行く予定でした。家は住めない状態です。店をしていたのですが、これからどうなるかわからない状態です。

最初の二〜三日は友だちの家にいました。電気が通じたので、ミルクを作るために転々としました。子どもが小さいので泣き声に気を使い、あまり長いこといられないので仮設住宅に入りたいです。

今はミルクもお湯もあり、何とか落ち着いています。赤ちゃんは地震後二〜三日はよく泣きました。

○避難所になっている小学校の塀の外の歩道の上に、ビニールシートでテントを作って、二家族が一緒に生活をしていました。四歳と二歳の女の子がいました。二月のテントは震え上がるほどの寒さでした。父親はテントから仕事に行っていました。母親は全壊した市営住宅から、荷物を取り出したり、片づけをしたいのですが、子どもたちが地震で恐い思いをした家には行きたがらず困っていました。二〜三時間でも保育所に預かってもらったら助かると言われました。保育所を紹介してその日は帰ってきました。後日たずねたら二人は元気に保育所へ通っていました。

○家屋が一部損壊半壊の家に住んでいる子どもたちもいました。交通は遮断され、地面はいたるところで地割れしていました。瓦礫の山となった町で子どもたちのあそび場は奪われました。父親は会社の近くに泊まり込み、母親はいつ来るかわからない給水車を待って水を汲み、コインランドリーを探して洗濯、一時間待ってお風呂に入り、あるかないかわからない食糧の調達に行きました。続く余震に眠れない夜が続きました。生活と生命の維持に必死で子どもにかかわっている時間などはありませんでした。不思議と幼い子どもたちも、そのことをよく理解しているようだと話してくれました。

○ライフラインが断たれた中で、保育所が再開しました。弁当と水を持って保育所生活が始まりました。年長児は水汲みを手伝いました。父母も保育士も協力しなければ保育は維持できませんでした。支援センターへ再開した保育所から電話が入ってきました。「給食はおにぎりと味噌汁しかないけどいいやんねー」「子どもが地震ごっこをしてあそんでばかりいる」「地震の絵しか描かない」などの報告でした。しばらくして、その現象がなくなったとまた報告が再開したいろいろな保育所から入りました。

子どもたちは、お友だちと恐かった事を話したり、ごっこあそびをしたり、絵に描いたりすることで恐い体験を客観的にとらえられるようになったと思われます。

疎開した子どもが、疎開先で口をきかなくなったことに気がついた母親が、ライフラインの回復していない自分の家へ連れて帰り、通っていた保育所に戻り、担任の先生の胸で思いっきり泣いたら言葉を取り戻したという報告もありました。

被災した保育所

私は建築家と一緒に被災した保育所の調査にはいりました。そのときの状況で特徴的な事例を述べます。

①全壊した石屋川保育所

全壊した神戸市立石屋川保育所（定員一〇〇名）は市営住宅の一階にありました。住宅の重みが、一階の保育所にのしかかり保育所の空間は七〇センチの高さもありませんでした。二つの共有階段は出入りできるものの全壊に近く、北東の階段も倒壊していました。上からはモルタルやコンクリート片が多数落下していました。市営住宅の一階では、廊下がひどく壊れながらかろうじてつながっていました。そのコンクリートの破片は保育所の運動場に落下していました。屋上には鉄骨の架台にのった高架水槽がありました。落下はしていませんでした。しかし、落下するおそれがありました。運動場には建具やガラスやおもちゃが飛散していました。室内にあった物も散乱していました。また、アルミの建具は、くの字が弾き飛び、網入ガラスも割れて飛散しているものもありました。普通ガラスは形もありませんでした。横にガラス片が飛んでいったと考えられます。柱は横S字に曲がっていました。押しつぶされた室内は高さ七〇センチほどになり、ピアノ・ロッカー・机などが倒れていました。

御影保育所の園庭には亀裂が入り、二階のピアノが二メートルも飛んで床に穴をあけていました。職員室のコピー機も別の机に逆に飛び、外れるはずのない鉄の門の扉も倒れていました。長田の中心街は三日三晩燃え続け、天燐乳児保育園・神視保育園も倒壊しました。

②焼け残った保育所

焼け野原になった長田区で、焼け残った保育所がありました。神戸市立千歳保育所です。神戸市須磨区東部の千歳町は長田区に隣接していて大火災になりました。三日三晩も燃え続けました。その中で千歳保育所はぽつんと焼け残りました。千歳保育所は二階建てで耐火構造でした。保育所と道路をはさんだ東側と保育所の運動場と千歳小公園の南が焼失しました。北側の四階建ての建物は全焼しました。

コンクリートブロック塀が保育所の木に倒れかかっていました。西側は小道をはさんで駐車場と倒壊家屋がありました。北側の建物と保育所の外壁の距離はおよそ三メートルで、焼けたとき窓から噴き出す炎の輻射熱が保育所の北壁を襲っていました。保育所の所長に当時の話を聞きました。「震災当日やっと保育所にたどりついたのは、お昼頃でした。すでに、二〇〇人ぐらい地域の人たちが、鍵を壊して、保育所に避難されていました。所長権限で避難所として保育所を開放しました。地域の人たちを保育所に収めてほっと一息ついた二時ごろ、三方から火の手が上がりました。やっと落ち着いたとき、地域の人たちは一斉に保育所から出て行って、二次避難をしました」

千歳保育所が焼け残った理由を分析しました。三方向を公道と路地に囲まれ、もう一方を工場の塀に囲まれ、一角に児童公園があり木が植わっていたことが保育所を大火から守ったと思われます。

神戸市の保育所の被災状況は、保育所が一五八ヵ園（定員一五四一七人）の内全壊五ヵ所、半壊七ヵ所、一部損壊三三ヵ所、その他破損八〇ヵ所でした（三月一五日現在）。

運動の再開

①兵庫県保育所運動連絡会再開

支援センターに刻々と寄せられる状況を前に、私はこの現実に何をなすべきか考えました。医療関係者の凄まじい命との戦いを目の当たりにしたとき、では福祉は本来何をすべきか、という疑問が私を襲いました。児童福祉法をもう一度しっかりと思いおこしました。政令の保育に欠ける条文の最後は、災害等となっています。被災地の就学前の子どもはすべて保育に欠けることになる。その条文を実際のものとする事が今求められていると確信しました。その責任を国・自治体に果たさせようと思いました。保育所を再開しようと決心して、一月二九日、比較的被害の少なかった兵庫県の東の端にある尼崎に役員を招集しました。子どもたちを、保育所に一日も早く呼び戻したいと思いました。被災した保育士たちも保育所再開にむけ動き出しました。兵庫県保育所運動連絡会として、すべての子どもたちの命を守るためにかたむけることを決意しました。「避難場所にいる子どもたちも、家庭にいる子どもたちも状況が益々悪くなっています。この子どもたちに対して、いまこそ保育者が立ち上がるときだと思います。お互い被災していますが、父母と保育士が力を合わせて頑張りましょう」とよびかけました。被災後の第一回に役員会で次の方針を決定し、各自治体の加盟団体へおろしました。

保育所は措置更新や申請の時期です。父母の中には保育所はどうなるのか不安がひろがっています。各市に下記の事を申し入れしてください。

一、希望する子どもたちは、一時保護もふくめて保育するようにしてください。

一、保育を必要とする子どもの措置は書類がなくても、地域が違っていても保育所に措置してください。

一、保育料の減免をしてください。

一、避難して来た子どもの措置は市が違っても速やかに措置してください。

大変でしょうが、各市の役員の方は急いで保育課に申し入れしてください。

一斉に自治体に向けて運動が再開されました。兵庫県保育所運動連絡会としても国・県に要望書を提出し、保育所の機能の回復と被災者の保育要求の実現に向けて運動しました。その運動を交流し各市の運動が広まっていきました。

②厚生省（当時）との交渉

二月一五日、全国保育団体連絡会は、厚生省（当時）と新年度予算に関する交渉をもちました。兵庫県保育所運動連絡会は、震災関連の独自要望書を提出するために、公立の保育士、無認可の保育士、保護者会代表の三人を代表派遣しました。厚生省から以下の回答がありました。

（1）すべての措置を継続して下さい。

厚生省↓少なくとも三月末までは、一月一六日の在園児はすべて措置を継続する。たとえ保育所が全壊しても基本は変わらない。

（2）震災前の措置費を保障して下さい。

厚生省↓少なくとも三月末までは、震災時の定員に対して、全壊したところ、開所できないところを問わず措置費はおろす。三月末までは、事務費は一月一六日時点の保育所に全額おろす。従って、解雇されることは考えられない。他市町村への転入は、児童に対して日割り単価で措置費をおろす、二重払いになるのは承知している。籍を移した場合は、その地の措置児童とする。

（3）保育士の人件費を保障して下さい。

厚生省↓保育所がつぶれたり、子どもが減ったりして保育に従事できない場合の保育士の身分と人件費は基本的に元の保育所で保障する。さらに、他の保育所や臨時保育所で保育に当たる場合は、そこにも人件費は保障する。

保育士が不足することを予想して、近隣から保育士を確保し要請にある市町に派遣できるようにしている。まだ要請がないから、兵庫県社会福祉協議会にすべてを委託し、民間を中心に派遣が始まっている。
（4）バックアップのための補助金を予算化して下さい。
厚生省→保育料は自治体の団体事務で、国の基準ではあるが、保育料などの指示はできない。窮余の策として、保育料無料に見合う「バックアップ予算」を計上する。無料の決定をした自治体もあるようだが、自治体でどのようなバラツキがあるか調査する。
（5）復興・復旧費を全額保障して下さい。
厚生省→再建のための総額とか日程はまだ集約しきれていない。それまでは、仮設でもかまわないので、保育を開始していく。そのような、保育所に対しても、認可の規定通りの措置費・事務費は準備する。公立・私立・無認可問わず保育所を開所していくのは必要。仮設保育所をA保育所が運営することでいいのではないか。無認可保育所の再建に関しては自治体をうごかすことが必要。
（6）保育所給食の食材を確保して下さい。
厚生省→給食材料は、国が野菜・魚を周辺地域で確保し、要請があるところに提供している。ただし、とりにきてもらう。

交渉の結果、保育料は一月でしたが、全額無料になりました。建物の復興費は三〇万円以上の損壊費まで全額出ました。しかし、無認可保育所には一銭の保障もありませんでした。

③無認可保育所の復興

無認可保育所の復旧・復興は困難をきわめました。そのため全国から頂いた義援金の一部を無認可保育所の復興基金とする事を兵庫県保育所運動連絡会の総会で決定しました。

〈全壊した　市庭家庭保育所　鈴木裕子〉

あの、一月一七日の大震災の日、私達の小さい産休明け保育所は全壊してしまいました。

西宮の公立保育所は生後六ヵ月にならないと預かってくれません。産休明けで働きたい、年度途中から預けたい人は、私達のような産休明け保育所はなくてはならない存在でした。西宮市の産休明け保育所として、二四年屋敷町に引越して一三年目のときでした。

西宮市の南西部にある屋敷町には、被害が大きくて町内だけで三九名の方が犠牲になりました。全壊した保育所を見たときは信じられない気持でした。まわりの家々はペシャンコにつぶれ、道をふさいでいます。保育所は隣の文化住宅に押され斜めになっていました。そうした中、子ども達一一名の無事が確認できたとき、この時間帯で良かったと心から思いました。もし保育中だったらと思うとぞうっとします。少し落ち着いてくると父母の方々から保育所はどうなるの、こんなときだからこそ頑張って続けてほしいという声が出てきましたが、預かるにも保育所はありません。とりあえずマンション五階の保育士の自宅で預かったのですがやはり危険です。そこで、みんなで話し合い、役所と交渉することになりました。

二月三日、震災緊急対策要望書を持って役所に向かいました。震災後二週間の頃ですのでライフラインも途絶え、子ども達は市外へ避難していました。交通網が乱れた中、赤ちゃんや父母、

OB、運営委員など一五名が雪の降る寒い図書館の前に集まり、気弱になる私達保育士を励ましてくれました。その後も市との交渉を積み重ね、預かっていた子ども達をすぐに希望する公立保育所に措置するよう要請し、そして全員の措置が実現しました。さらに一年間の期限つきではあるものの、市民館を保育所に使っていいとの返事がもらえたときは信じられないほど嬉しかったです。震災で親を亡くされたにもかかわらず交渉にかけつけてくれたお母さんなど、皆さんの励ましがあったから早く保育所の再開ができました。とは言ってもあくまで仮設、一年後は出ていくよう厳しく言われています。

私達はそれまでは、保育さえ複数体制でしっかりと見ていれば建物は古くても子ども達の安全は守れるだろう、心の通った保育を続けていれば建物の貧しさはカバーできると本当に思っていました。それがあの震災です。父母の方が安心して子どもを預ける保育所がつぶれて、子どもの命を守れない、価値観が大きくかわりました。安全な建物で保育をしたいという思いは私たち保育士にとって絶対にゆずれない条件になりました。それでも一年後には適当な所を探して出ていくよう強く言われています。震災前の七万七千円の助成だけではどう探しても、希望する家を見つけるのは困難だということで、署名活動をすることになりました。

・建物だけでも公的施設を使わせてほしい。
・建物が見つかるまで夙東市民館を使わせてほしい。

この二点にしぼって支える会を中心に短期間に一万二千の署名を集め、市との交渉を続けました。この運動後、市の助成要項が大幅に変わり、念願の日当たりが良くて南に庭のある、一一名の子ども達が伸び伸びとあそべる広い保育室のあるところを探すことができました。現在二〇万円の家賃は全額市の負担で家賃の持ち出しの心配が無くなり夢のようです。

振り返ると署名や訴えが行政を動かした結果で、このことは私たちの保育所だけにとどまらず西宮市の家庭保育所すべての向上につながり、西宮市の産休明け保育の充実につながっていくことを実感しました。何より全国から届くたくさんの人々の励ましの言葉が嬉しく、どんなに勇気づけられたことでしょう。

あれから八年も経つのに、今だにあの頃を思うと緊張感が思い出され胸が痛くなります。子どもを亡くされた方々、家を無くされた方々の心の復興を思うと震災はまだまだ終わってないのだと思います。

無認可保育所はそれぞれ必死で普及に向かいました。しかし本当の復興は、どうしてどのように実現するのか大きな課題を抱えることになりました。無認可保育所は震災で全壊しても国からは一銭の補助金ももらえない現実にぶつかり、無認可保育所のままでいていいのかという疑問が湧きあがってきました。兵庫県保育所運動連絡会無認可部会で議論を重ね、子どもにとって「法の下の平等」を実現するために、認可保育所にすることを決め、兵庫県保育所運動連絡会の総会で、法人を創設しての認可保育所につくり変えることを決議しました。一斉に無認可共同保育所は認可に向けて動き出しました。自己資金を集め、一〇年かかって、二ヵ所を残して認可保育所につくり変えることができました。この運動が公立保育所民間移管反対運動へと引き継がれていきました。

あらためて保育所の役割

①福祉と保育所の役割

震災で助かった命がその後の劣悪な環境がもとで亡くなっていく、震災関連死が続きました。震災直後から命を助けるために献身的に行われた医療関係者の活動で救われた尊い命が、退院したあとの生活環境の悪さから身体を悪くして病院へもどる、そのことを繰り返すうちに命を落とす人達がいました。生活がきちんと確立することが医療効果をあげる必須条件だと気づきました。医療と福祉が一体になって、初めて人間らしい生活が保障されると当たり前の事に気づきました。そのためには、福祉施設が生きていく希望として地域の中に存在している事が重要です。施設があるから、この地域で安心して生きていける。今すぐ保育所に入らないし、特養にも入らないけれど、いざというときにあそこに預けたら生きていける。生きていく希望としての福祉施設である事が本来の福祉のあり方ではないかと考えました。

震災で、いうならば被災地の子どもはすべて保育に欠けることになりました。そのことにしっかりとこたえられる保育所であることが重要です。そのためには福祉施設は街の真ん中に輝いて存在する必然性があります。

私は被災したたくさんの保育所を見て回り、地震が保育中に起きたらと想定しました。千歳保育所の所長の話を聞いて、幼い子どもたちを連れて火の中を逃げる状況を思い浮べました。子どもたちが火の中を逃げ惑うときに、おとなに踏みつぶされる情景を想像してしまいました。私は

「逃げない」ことはできないものかと二〇年考え続けています。また、避難所となっている小学校を見て歩きながら、子ども・お年寄り・障害者が避難所の中でとても肩身の狭い思いをして生活されている姿や、避難所にさえ入れない姿を見て、学校より生活施設の福祉施設が避難所としてふさわしいと思うようになりました。

また、被災した保育所を見て回る中で、住宅や会館との合築は構造上問題があると判断しました。支援センターでラジオを聞いていると、学者の方が「本当に安心なことはライフラインは最先端の整備と併せて一世代前のものを備えて置くこと」だと報道していました。そのようなとき、重度心身障害児施設の事務長が支援センターを訪ねてくださいました。ライフラインの中でも水の確保が一番大変でした。事務長が「昔、施設に井戸があった事を思い出した。トイレの流し水だけにでもと思って汲んでみたら、だんだんきれいな水になった」と話してくださいました。

また、安否確認が早くても一週間かかりました、保護者は迎えに来られないと判断しました。私は、保育所で一週間子どももとすごすことを考えました。

私は未来の保育所の構想をこのように考えました。今の三倍の敷地を確保して、施設も二倍の大きさにし、二階建てにします。保育室は一階で二階はホールにし、災害のとき、二階は地域の避難所に開放します。地下シェルターをつくり、保育園児と保育士が一週間すごせるための食糧・寝具を備蓄します。園舎は園庭のど真ん中に作り、自家発電を備え、園庭に手動の井戸を掘り、園庭の周りには木を植えます。また、保育園の周りは公道で囲います。子どもたちは通常定員の七割しかいません。災害が起きるとすべての子どもが保育に欠けることに備えます。

安否確認が一番早くできた淡路島の津名町は、地域住民が日頃とても親しくしていて、隣近所の生活が良く理解されていました。どこで寝ているかなどです。最後の確認は近所の人が地震の前の日に旅行に行ったことがわかり確認ができました。日頃の地域の生活のあり方が問われました。

しかし、この構想は二〇一一年三月一一日に起こった東日本大震災で打ち砕かれました。阪神淡路大震災は火事を引き起こし、人類が作った高速道路はじめ、巨大なビル群が倒壊しました。しかし、東日本大震災は津波が起き、原子力発電所が倒壊するという事態になりました。でも私は、今でも幼い子どもを連れて逃げ惑うことはしたくないと思っています。そして、人類はその事を可能にすると信じています。

②新制度

阪神淡路大震災を体験したとき、まだ国の保育に対する責任と児童福祉施設としての位置づけの措置制度が残っていました。震災のとき、その制度が大きく機能しました。国はすべての自治体に対して保育所への入所を保障する通達を出しました。結果、どの自治体でも子どもたちは保育所に入ることができました。新制度では直接契約であり、自治体の責任で行われますが、国の責任は大きく後退し、公的児童福祉施設としての機能が失われようとしています。このような大規模な災害の被災で子どもの命を守るには、権利としての福祉の確立が必要です。

③まとめにかえて

震災や災害はどこでも、いつでも起こり得ることだと思います。人間の生活は決して自然と切り離して成り立つものではありません。自然に対して傲慢になってはいけないと、東日本大震災の原発事故で思いました。自然とともに生きることを、保育・子育てという営みを通して考えていかなければならないと思います。

二〇一五年一月一五日午後〇時三〇分頃、神戸市市営住宅の五階のベランダにあるコンクリート製の手すりの一部が剥がれ、約七五キロの塊が神戸市立生田保育所の通路に落ちました。生田保育所は同棟の一、二階部分に入っており、西側に園庭があります。園庭には一、二階をつなぐ外階段があり、塊はそこに落ちていました。市は老朽化が原因とみています。管理も含めて合築の問題が浮き彫りになりました。

兵庫県は二〇一五年一月二一日、災害避難所のトイレ対策として、県内で避難所となるすべての小学校に手動式の井戸を整備する事を新聞発表しました。

私は、非常事態だからこそ兵庫県保育所運動連絡会があってよかったと思いました。組織があったからこそ、問題が整理され・伝える事ができ・要求運動も展開できました。組織がなければ、復興は難しかったと思います。被災という状況を集団で乗り越えたからこそ、今、子どもたちに何を保障していくのかを心底訴えるときだと思います。

子どもたちの命を守り、発達を保障し、子どもたちの未来をひらくために、保育を豊かに実らせようと思います。

3 保育施設の役割を再考する

古林ゆり

二〇二〇年、新型コロナウイルス感染症（以下、新型コロナ）の拡大に伴う緊急事態宣言の下、学校や幼稚園が休校・休園する中、保育施設はその対象とはならず、コロナ禍で大変な状況にある子ども・家庭・社会を支える役割を担い続けました。保育施設で感染に気をつけながら保育を行っている状況は今なお続いていますが、これは容易なことではありません。現に保育施設でクラスターが生じました。それでも、一斉休園の対象とならないのは、いかに異常な状況となっても子どもの命を守り、社会を維持していくためには保育施設が重要な役割を果たしているということを、社会における誰もが周知しているからに他なりません。新型コロナは世界的に広がり、その対応への関心は如何なる地域の保育者であれ、わが身のこととして捉えることができているでしょう。一方で「自然災害」はどうでしょうか。災害時、メディアなどで目にする光景に「被災地の方々は大変だろう」と心を寄せつつも、どこかで「自分には起こらない」と、他人事のように考えてはいないでしょうか？

以下に、自然災害を受け「日常」がままならなくなった状況下においても、子どもの命を守り育むために実践を重ねてきた保育者の姿から、災害時における保育者および保育施設の役割を考えていきたいと思います。これを通して、あらためて私たちの日常の保育を捉え直し、積み上げてきた保育実践の意味とこれから私たちがめざすべき保育のあり方について明らかにする手がかりとなればと思います。

自然災害が多い日本における保育（必要とされる一人ひとりの対応力）

近年の災害の状況を見てみると、いつ何時、何処にいたとしても、災害に見舞われて不思議がない状況といえるでしょう。そもそも日本は自然条件から地震、津波、台風、豪雨、豪雪、洪水、火山噴火などによる災害が発生しやすい環境にあります。

全世界で起こったマグニチュード六以上の地震の約二〇％が日本で発生していますし、全世界の活火山の七パーセントが日本にあります。一九四五年に起きたマグニチュード八の南海地震から、東日本大震災が起こった二〇一一年までの六五年余りの間に、日本で起こった大きな災害は五〇を超えます（国土技術研究センター調べ）。こうした事実からみても、子どもの命を守る日本の保育者には、防災に対する意識と災害時に対応できる知識と技術が求められます。

もし、保育時間に災害が発生すれば、刻一刻と状況が変わる自然災害への対応は、情報収集に努めながら保育を継続することとなり、困難を極めます。連絡が付きにくい状況の中、保育者は次々に重要な判断を下す必要に迫られます。判断するのは園長や主任といった管理責任者だけではありません。早朝保育のときや延長保育時、散歩等の園外保育時は、少数の保育者で対応しなくてはならないかもしれません。保育者一人ひとりの危機管理対応能力が必要となるのです。東日本大震災の事実から見ても、いつ何処へどのように避難するかといった保育者の判断の違いが、子どもたちの命を守れるかどうかを左右することは明らかです。震災時に保護者への引き渡しが可能にならなかった子どもたちと民家へ避難し、三月の雪残る過酷な状況で、共に一夜をすごした保育者は、自らの存在を子どもにとっての「居場所・よりどころ」として、命を守るための役割を果たし続けました。その一方で、余震の中お迎えがあった子どもたちを保護者に引き渡した際、その帰宅途中に犠牲となった例もあります。

被災時、いつ、何処へ、どう避難するかだけでなく、保護者へ託す際の判断も、保育者が子どもの生命を守る視点として必要であると仙台保問研の野呂アイさん（二〇一五年『季刊保育問題研究』二七六号）は言っています。これは、保育者と保護者の双方が、誰が、何処で、子どもたちと一緒にいたとしても、子どもの命を最優先に考えて行動しているという互いへの信頼関係を持たなければできるものではありません（岩手県釜石市鵜住居町）。鵜住居地区の児童・生徒たちの避難時の行動からも、避難時に迅速かつ冷静な判断ができたのは、おとな同士（家族間・保護者間・保育者間）の相互信頼があったからこそと言えます。

日本の保育者は、他の国の保育者以上に、自然災害への知識が必要であり、危機管理能力をその専門性として持ち供えなければならないといえるでしょう。

福祉避難所としての「保育園」

とはいえ、命を守る判断は保育者だけに求められることでしょうか。保育者も災害時には「被災者」となり、「安定・安心」が揺るがされます。専門職としての責務や頑張りだけでは乗り越えられるものではありません。安心して保育を行うためには「場所」が必要となります。安全な居場所は、子どもにとって安心して生活し、思う存分あそび、学ぶためになくてはならない要因です。空間としての居場所を失うことは、「あそび」の時間を失ったり、共にすごす「仲間」とのかかわりを遠ざけたりすることにもなります。

野呂さん（二〇一五）は以下のように言っています。「自宅や保育施設の早期再建が心身の安定・安心・健康に結びつく」、そして「地域の中でおとなと共に子どもたちも一緒につくっていくことが重要であり、主体的な生き方を学ぶことにつながる」。つまり、命を守るために「居場所」は必要不可欠であり、困難が生じた際、助けを得ながらも、自らが居場所づくりに参加することで、おとなも子どもも「生きる」力を取り戻していくことができるのです。

実際に、熊本・大分地震（二〇一六年）の際、熊本市東区にある「さくらんぼ保育園」と「やまなみこども園」は保育施設を避難所として、子どもや保護者、また地域の人々への支援を行いました。さくらんぼ保育園には在園児・卒園児・地域の方々七〇名ほど、やまなみこども園には在卒園児や保護者、地域の人が一〇〇人ほど、避難しました。園庭で火をおこしてあたたかい食事を提供し、夕食時間には子どもたちが園庭で食事をします。子どもたちもまた、薪を運んだり、食器を洗ったりと、誰かに言われるからではなく、自らが生活に参加します。これは、慣れ親しんだ保育園という安心できる場所だからこそ生まれた姿なのでしょう。避難所として活動している両園へ、支援物資を運ぶなどの支援に訪れた大口里保育園（現さくらの里こども園）園長の吾孫子幹さんは「被災したことを知らなければ園庭で親子キャンプをしているかのような錯覚に陥った」と報告しています。どのような状況にあっても、子どもたちは楽しさを見つけ、おとなはその姿に勇気をもらっていたのかもしれません。これはまさに「主体的な生き方を学ぶ」姿といえるでしょう。

では、なぜ保育園が「福祉避難所」としての役割を果たすことができたのでしょうか。二つの園の共通点を見てみると、以下の二点があげられます。

まず一つ目は、地域に根ざした福祉施設として、災害以前から活動していたということです。両園の通常保育では、日常的に保育の中で散歩へ出かけ地域の中で保育を行なっています。また、園行事としてのお祭りやバザーなどの地域に開かれた保育園活動が活発になされていて、地域住民が足を踏み入れやすい場所となっています。保育者が日常から子どもたちとともに地域に出かけ、人とのつながりを大切にして保育実践を重ねてきたからこそ、災害時に地域の起点となり、避難所活動ができたのではないでしょうか。そして、これは多くの保育園が行なっていることであり、保育園という場所が「福祉避難所」としての可能性を大きく持っているとも言えます。しかし、一方で日常の保育を取り巻く社会環境は子どもや保育に寛容ではない場合もあります。「子どもの声がうるさい」という理由で、保育園建設に反対の声があがるなどの情報がメディアで流れてくることもあります。さくらんぼ保育園の建川美徳園長も「避難所をやる前は苦情を言ってこられる地域の方もいた」と回想されています。しかし「避難所をやった後、地域を歩いていると気さくに声をかけてもらったり、ときには手を合わせて拝まれたこともあった」と、避難所を行ったことで地域とのつながりを深めたエピソードを話されました。

福祉施設の中でも他の施設とは異なり、保育園は身近な場所に存在し、様々な年代の人たちが利用する場所です。騒音問題のような取り上げられ方をすることもありますが、それは地域の暮らしに密接していることの現れでもあります。子どもの笑い声が地域の日常になることは、「福祉施設」がすぐ側にあることを意味し、非常時の際の安心へとつながるはずです。避難所は、身体的な安全だけでなく心の拠り所であることが好ましいと考えれば、地域の中にある「保育園」という福祉施設は、誰にとっても身近であり、心身の居場所としての役割を担うことができる可能性を持っているのです。

二つ目の理由に、この両園を支えた「仲間」がいたことがあげられます。災害時、いち早く支援に駆けつけたのは鹿児島の保育仲間です。支援物資を早急に集め、災害が発生した二日後には現地へ出向き、支援物資を届けています。このように早い対応ができたのは、日常的に保育を語り合い、子どもたちの未来のために共に力を合わせている「仲間」だからです。

先に「他人事のように考えてはいないか」との提起をしましたが、日頃からつながりのある仲間であれば「他人事」になるはずがありません。年に何回か保育園同士で足を運び合っていることで、非常時においても、どのルートで入れば安全かなどのイメージがつきます。そして何より、そこにいる子どもたちや保育者の人数や、地域の様子もわかっていますから、何がどのくらい必要かについて具体的にイメージできます。こうした支援は近隣地域の仲間にとどまらず、その後、全国から寄せられることとなります。この全国の仲間たちも、日常的に保育実践交流や研究集会などを通して、両園と繋がりを持っていた保育者でした。その中には、先に震災経験を持つ東北の仲間たちもいました。災害時、災害後の大変さを誰よりも知っている仲間の存在は、支えにもなったでしょう。熊本・大分地震の際に支援の初動が早かったのには、東日本大震災のときの学びが生かされたことが理由としてあります。交通手段がないなどの状況の違いはありますが、東日本大震災を全国の保育仲間と振り返ると「行ってよいものかと悩んでしまい、行かずじまいだった」「現地に聞いてばかりで、かえって負担をかけしまった」など後悔したことが語られました。だからこそ、東日本大震災の学びを生かし、後に起こった震災では、互いのネットワークを駆使して、迅速な支援が行えたのではないでしょうか。被災した仲間の顔を思い浮かべ、自らができることを具体的に考えることができたからこそ、必要な人に必要な支援ができたといえます。そして、全国から寄せられた「顔の見える仲間」からの支援が、「福祉避難所」として活動する保育園を支えていったのです。

熊本の実践によって、在園の子どもだけでなく地域の支援の起点としてすべての子どもたちを守り、保護者の生活を支える保育施設の意義を明確にし、全国の仲間たちとのつながりを継続的に持ち続けることが「防災」であり「支援」であることが明らかになったといえるでしょう。

日常保育の積み重ねが「防災」

ここまで、災害にあった場合について述べてきましたが、防災についても考えていきたいと思います。野呂アイさん（二〇一五）は防災のために、過去の災害から学び、地域としてマニュアルを作成すると共に、園の事情に応じた独自性も必要だと言っています。

その中でも、「散歩」を避難・防災の視点で取り組むことの可能性を示唆しています。散歩は子どもたちの身体発達を促すだけではなく、自然や地域社会への観察力、認知力を育む可能性を示唆しています。子どもは散歩で出会う地域の人々と交流し、親しみを持つことで、地域で生活することに安心感を覚えるでしょう。また、自分たちが暮らす地域の地形や地理を散歩というあそび活動を通して認識でき、それは災害時に避難を行う際、子どもに見通しを持たせることにつながります。実際、東日本大震災を経験した保育者からのエピソードに「子どもたちに、『いつもお散歩で行っているお山までみんなで走るよ』と伝え避難した」というものがありました。日頃から足を運び、よく知っている場所であれば、子どもたちも見通しを持つことができます。保育者もルートや集合場所を細かく伝え合わなくても、一人ひとりがその場で判断をして子どもを引率することができます。つまり、日常の保育活動の積み重ねが災害時に生かされる、「防災」となるのです。「保育」とは「社会的な生活支援」であることを認識し、保育者一人ひとりがその役割を感じて日頃の実践をすることで、非常時に的確な判断と行動ができるのです。

しかし、一点、押さえておきたい視点があります。それは「保育」とは、自己犠牲の精神のもとに行うものではないということです。阪神淡路大震災を振り返り、「恥ずかしいことですが、自分が保育士という仕事をしていることも頭から飛んでしまっていて」「自分自身のことだけしか考えられませんでした」と話す保育者がいました。この保育者を誰が責めることができるでしょうか。また、「保育所に向かっていく途中、友人の家が全壊していました。下敷きになった八歳の子どもを掘り起こしているところに通り合わせ、その子どもを預かり、近くの学校の避難所にその子どもを連れていき、両親が来るのを待ちました。しばらくしてその子どもさんは亡くなりました」と回想しています。この保育者の心にどれほどの重く苦しい記憶が刻まれたことでしょう。泣くことすらできなくて「普通ではない」自分に震災後ずいぶん経ってから気がついたという保育者や、「頑張らないといけない」という思いが自分を苦しめたと振り返る主任保育士の話も聞きました。保育者自身も被災者でありながら、社会を支える役割を担う緊張状態が長期間続き、心身のストレスが深刻な状態に追い込まれていた事実を見逃してはなりません。それでも保育者たちは、何かしなければという思いから、子どもたちが避難している小学校の校庭で「紙芝居や携帯マイク持参で青空保育」を行い、「福祉事務所で障害者の名簿作りと電話連絡、家庭訪問」を行ったとあります。

一保育者の善意や努力に頼って、地域福祉を守っている現状に疑問を持たなくてはなりません。

地域福祉の基幹としての「保育園」

日本の保育現場は、大きな震災を繰り返してなお、大規模災害時における行政機関などの支援の仕組みができていません。ボランティアによる短期間の支援や、演劇や読み聞かせのパフォーマンスは一時的には心を励ますことはできるでしょう。しかし、日々の保育は、突然現れたおとなが実施するのではなく、子どもの傍にいつも一緒にいるおとなが劇や本読みができるよう、保育者が被災のときに安心して健康に存在することが必要です。どのような状況においても子どもの命を守るために、保育施設はどうあることが望ましいのでしょうか？　災害に強い物理的環境と、何時でも冷静な判断ができる保育者がいなければ子どもの命を守ることができないとすれば、それは日本の保育における現状では難しいでしょう。物的環境は行政機関への働きかけが必要です。保育者一人が見る子どもの人数を定める配置基準も、平時の際でもギリギリの状況であるのに、緊急時にすべての子どもの命を本当に守れるのでしょうか。一歳児六人をどうやって抱っこして避難するのでしょう。現在、「子どもたちに、もう一人保育士を」と保育士配置基準の改善を求める声が全国に広がっています。防災の視点からもより一層の取り組みが必要といえるでしょう。配置基準の見直しを行い、非常時においても保育者も安心して子どもたちの命を守ることができる条件が必要なのです。

また、保育者一人ひとりの専門性を豊かにしていくことも重要です。人材を育て、経験ある保育者を増やすことで、最善の判断を行うことがより可能になります。しかし、保育者は日々の保育の中で育まれていく存在であり、保育歴が少なければ当然未熟な部分はあります。経験が長くとも一人ひとり得意不得意があって当然の存在です。万能な保育者などあり得ません。だとすると、子どもたちを守るためには、子どもを取り巻く社会のマンパワーをさらに大きくする必要があります。たまたま自園の被害がほとんどなかったとしても、近隣園が大きな被害にあうこともありますし、被災すれば地域全体で協力し、子どもたちの命を守ることになります。日常から地域や他園との連携を深め、ともに防災を考えていく視点を持つことが必要です。

実際に東日本大震災後に保育園が建て直された際、向かいに小学校が建てられ、互いに門を向かいあわせることで、日常的に顔を合わせられたり、避難訓練では合同で行ったりするなどの工夫がなされました。自園のみで対応するのではなく、近隣の園や小学校、福祉施設などと連携し、地域が協力し合うことで、非常時に強い地域の福祉をつくっていけるのです。そして、現状において必要なのは、個々の責任や努力に頼るのではなく、公的な保障がなされるように行政に働きかけることです。福祉施設が地域の中に存在していることで、人は安心して生きていけると兵庫県保育所運動連絡会の増田さん（二〇一五）は言っています。震災という有事のときには「被災地の子どもはすべて保育に欠ける子」であり、必要とするときに保育を提供できることが保育施設の役割であり、義務なのです。しかし、阪神淡路大震災の際には保障されていた保育所への入所が、新制度における直接契約などの仕組みにより、国の責任を後退させ、公的児童福祉施設としての機能を失わせたと、危惧しています。子どもの命を守るために、保育者だけが頑張るのではなく、園の不安や困り感を地域に発信し、社会全体で地域の子どもたちの命を守るという意識づけをしていくことが必要です。そして、日常から非常時に強い地域福祉づくりをするため、保育園が福祉避難所となりうる施設として、住民にも参加してもらうことでつながりをつくり、地域力を高めることが大切です。避難中も子どもや地域にも役割を担ってもらうなど、守られる存在ではなく、その人がその人らしく生きることを支える視点を持って、共に生きていく仲間として保育者が地域の中で実践していくことが重要なのではないでしょうか。災害時に地域の人と共にあろうとする保育者の姿は、多くの人の目に真の福祉職として映り、人々を支る存在となることでしょう。

保育施設の役割とは

私たち保育に携わる者は、日々の実践で培った「専門性」を活かし、「子どもの最善の利益を守る」ため、幅広く子育て環境や子育て文化の創造をすすめていくことが求められます。地域の子どもを育み、さらには地域の仲間意識、地域住民をつなぐことは、災害を最小限に止め、子どもの命を守ることにつながるからです。日々の保育の積み重ねこそが非常時に自らを助け、支えとなったこれまでの事実から見ても、日常において目の前の子どもたちを守り育てることが保育施設における役割の最重要項目といえるでしょう。

また、地域に密着しているという保育施設の特性を活かし、災害発生時の被災者（とくに子どもと保護者）への支援の拠点として、物資や情報の提供を行う「福祉避難所」としての役割も今後は果たすべき役割となるでしょう。そのためには、安全で非常時に強い「場所」にしていく必要があり、公的な保障なしにはなし得ません。地域の人たちと共に、地域の福祉をより豊かにするための知恵を出し合い、つながりを持つことは、日常の保育条件をも豊かにしていくことになるのでしょう。

新型ウイルスが蔓延した、歴史的・世界的な危機的状況の中でも、私たちは子どもたちの命を守り育んできました。こうした厳しい社会状況の中だからこそ、保育の専門性はますます多岐にわたると考えられます。社会情勢を見極め、より良い条件を自らの手で構築し、震災の記憶を薄れさせることなく、歴史から学び続けていきましょう。それが「子どもの命を守る」私たち保育者の役割となるのだから。

〈引用文献〉

野呂アイ（二〇一五）：「東日本大震災を体験して防災保育を考える」『季刊保育問題研究』二七六号　一一四〜一二〇頁

増田百代（二〇一五）：「災害時における保育所の役割」『季刊保育問題研究』二七五号　一二〇〜一四八頁

コラム

全国保問研のみなさま——凶事は福となる……きっと

山並道枝

ふとまわりを見渡してみると、若葉みどりの美しい世界が広がっていることにやっと気付いたこの頃です。

新年度が始まって一週間も経たない四月一四日九時二五分、保育園は保護者会総会の準備で大半の職員が居残り、二階事務室は無認可連絡会の役員が集まり、これもまた総会の資料づくりをしていました。みんなで帰り仕度を始めた頃、突然ドーンという地鳴りと共に激しい揺れがたてよこから襲ってきました。コピー機、印刷機が動き出し、本が雨あられとふってきました。倒れそうな棚を体で支えていた男性保育士が「早く外に出て下さい」と叫んだのでみんなハッとして外に出ました。

保育園の前のアパートには園児の家族が住んでいて、お父さんは単身赴任で留守、二階のその部屋から泣き声がするので職員二人が駆けつけ、一歳と四歳の二人を助け出してきました。ちょうどお風呂中でドアが壊れ、こじあけてとびこんでいったのでした。それから近所の人たちや園児家族などがやまなみ保育園の「くじらほーる」へ集まり始め、自然に避難所になりました。まもなくして一六日、夜中の本震がやってきました。熊本城、デパート、文化ホール、ホテルやストアなども壊滅状態。毎日、庭つづきのようにあそびに行っていた動物園も猛獣は引っ越し、一年間は休業するようです。阿蘇も大橋が落ち、一つの部落が消滅するほどの変わりようです。

本震の翌一七日、全国保問研からの特使が到着しました。鹿児島から吾孫子幹（さくらの里こども園）さんがトラックいっぱいに支援の物資を運んできて下さったのです。紙おむつ、パンツ、おしりふき、食料品、大量の水、今まさに必要なものばかり、頼もしくてほんとに月光仮面のおじさんのように光かがやいて見えました。混雑する道路をよくぞたどり着いてくれました。天草のたからじま保育園のまっつん（松岡佳春氏）は同じ日、肉や魚、卵などの食料品や野菜、穀物など東京保問研の命により、正義の味方〝参上〟のように駆けつけてくれました。

長崎音楽教育の会の毛谷村さんも大釜や生活用品などワンサと積んで六〜七時間かけて駆けつけてくれました。本当に嬉しかったのです。全国保問研のみなさん、そして東京、北海道、仙台、大阪、京都、広島、名古屋、福岡、栃木、群馬　子育てネットワーク鹿児島、京都音楽教育の会、各地保問研のみなさまに心からお礼を申し上げます。次々と日用品、ミルク、生活用品、絵本、衣類など送り届けて頂き、別棟の二歳児のひと部屋がいっぱいになりました。託された品物を必要とする方に届けなければと、職員は学校の避難所をまわり、個別に希望を聞いたりして届けました。また民間支援団体の事務局が近くの美容室ＢＯＹさんにあり、そこのネットワークを通して紙おむつ、おしりふき、ミルクなどほしい方に配って頂きました。近隣の保育園、認可外保育園もずいぶんこの支援物資に助けてもらいました。全国のみなさんのご厚意をムダにはできないと、職員みんな使命感に燃えて動いてくれました。そして今回たくさんの家が倒壊した激震地区益城町に支援にゆく岡山・大阪チームからの『余った物があれば下さい』と要請があり、トラックいっぱい避難所に届けて頂きました。

自然界の破壊のエネルギーはものすごいものです。住む家を失くし、仕事を失くした方たちも保護者の中や、身近な人の中にもたくさんおられます。今度のことで熊本の街も人も深く傷つきました。でも傷ついてこそわかり合えることもありました。快適・便利・安心・安全がなくなった中では、みんなが優しくいたわり合って暮らすしかないのです。独身の職員はボランティア兼務で、一緒に避難の方たちと寝泊まりし、食べること、生活することのお世話をしてくれました。肩寄せ合って見知らぬ同士も寝食を共に過ごした一〇日間はむしろ楽しいことも多かったのです。車イスで来られた高齢のご婦人は家に帰られるとき『ここは楽しかった。子どもたちもみんなやさしかった』と言って名残りを惜しんで帰ってゆかれました。子どもたちは小学生のひとかたまり、年中長のひとかたまり、小さい子同士など年齢の近い子たちが集まって、野球・サッカーのボールあそびや水あそび、どろあそびに興じ、夜は眠りにつくまでトランプ、将棋と、くんずほぐれつじゃれ合ってあそんでおりました。絶え間なく余震が続く中、子どもたちの笑い声が絶えなかったことがおとなにとっての希望であり、明日を信じる力になりました。中・高生は薪割り、水汲みなど一人前に仕事をしてくれました。卒園生の高校生ボランティアも代わる代わるに来てくれました。

二一日から保育園を再開したのですが、ガスはまだ通っていません。薪でお釜炊きのご飯、おかずづくり、避難所の続きのような保育の始まりでした。火おこし、たきぎでの煮炊きは子どもたちにとっては魅力いっぱい、でも危険もいっぱい。人間の生活の基本、食べること、寝ること、あそぶことを堪能した日々でした。

天保のころ下級武士の書きしるした「桑名日記」というものに凶事は慶事となるということが書かれているのだそうです。昔、天然痘は命とりと言われていましたが、病をくぐらなければ、苦しみをくぐらなければおとなになれない、病も苦しみも人間として経験しなければならないこととして、お赤飯を炊き配って祝ったのだそうです。

私たちも、今回保育なかまのみなさんの暖かいご支援を全国から寄せて頂いて、どんなに励まされ、先に進む勇気をもらったことでしょう。この凶事はいつかきっと慶事につながる歴史の一コマとなることでしょう。

V

震災を見つめ続けて

震災学習部・あらため
震災学習委員会の活動について

震災学習の研究課題・学習課題を提起する

鈴木牧夫（震災学習委員会）

二〇一一年三月に発生した東日本大震災において全国保育問題研究協議会は、「目に見える支援を」という会員の声を受けて被災地と具体的なつながりを持った支援活動を展開してきました。被災地の仙台保育問題研究会の細い糸をたどりながら宮城県の南三陸町や石巻、亘理町、山元町、さらには福島市さくら保育園とつながって、その時々に必要な物資の支援、被災地訪問ツアー、夏休みを利用した保育ボランティア等の活動を展開してきました。被災の年に行われた山形保育問題研究会と仙台保育問題研究会の共催による第五〇回全国集会（山形）では、復興をテーマにしたシンポジウムを急遽企画して、戦後焼け跡の中からの復興、伊勢湾台風の被災地での保育、阪神淡路大震災からの復興に学んで、東日本大震災からの今後の復興のあり方を模索しました。

被災地とつながった支援活動を行う中で、私たちは、支援を行いながら被災地から多くの学びを得ることができました。保育の原点とは、「子どもたちの命を守り育てること」であり、その営みは、「保護者や地域の人々とのつながりの中で展開される」ものであることを学びました。

このような認識のもとに全国保育問題研究協議会は、二〇一三年、常任委員会の研究推進委員会の中に震災学習部を位置づけ、さらには、二〇一八年、震災学習委員会の立ち上げへと発展させました。委員会が行ってきた震災学習の活動を振り返りつつ研究課題・学習課題を提起したいと考えます。

東日本大震災以降の全国保育問題研究協議会の震災に関する企画

全国保育問題研究協議会として、全国集会において毎年震災をテーマとする特別講座を開設し、二年六ヵ月後には被災地仙台で夏季セミナーを開催しました。これらの企画のコーディネートは、仙台、京都、静岡、東京等の保育問題研究会が行っていましたが、震災学習部が立ち上げられてからは、震災学習部が責任を持って担当するようになりました。

内容としては、東日本大震災、阪神淡路大震災、熊本地震における被災地から、保育園の震災時の状況と、その後の保育について語ってもらい、震災時における保育施設の対応のあり方や保育施設の役割、保育施設のあるべき姿、被災地支援のあり方等について学びを深めてきました。例えば、保育施設の避難所的役割については、阪神淡路大震災のときに提起され、東日本大震災時における障害児の受け入れ、熊本地震時における地域住民の受け入れという形で現実のものになりました。

保育問題研究会は、これまでも戦争やさまざまな災害に遭遇しましたが、その災害にめげず困難を克服する中で保育問題研究会運動を発展させてきました。その力の源は、全国で保育問題研究会運動を展開する仲間の存在です。震災時における支援活動も、熊本地震時に見られるように、即時に支援活動を展開することもできるようになりました。

二〇二〇年の特別講座では、台風・豪雨災害について取り上げました。地震災害と同様に各地で発生した豪雨災害に対する支援活動を展開するようになって、災害全般への備えを考える必要があるという認識のもとに行われています。

●年表

二〇一一年六月（第五〇回全国保育問題研究集会・山形集会）

〈開会集会〉保育問題研究会復興の歴史

趣旨説明：渡邉保博

〈報告〉

一．被災地からの報告　大橋巳津子（石巻なかよし保育園）

二．保育問題研究会の戦後の歴史の証言

戦後焼け跡の中からの復興　高瀬慶子（東京保育問題研究会）

伊勢湾台風の被災地での保育　河本ふじ江（愛知保育問題研究会）

阪神淡路大震災からの復興　増田百代（兵庫保育問題研究会）

復興カフェ　復興パネル展示「生きよう！　共に，前へ」

被災地訪問　集会参加者の有志で石巻市・なかよし保育園を訪問

二〇一二年六月（第五一回全国保育問題研究集会・広島集会）

〈特別講座〉大震災の支援活動から見えてきたこと

コーディネート：東京保育問題研究会・京都保育問題研究会

〈報告〉

一．小野寺ひとみ（南三陸町マリンパル保育士）
二．冨岡恵（東京・平塚幼稚園）
三．澤田絵美（京都・朱い実保育園）

二〇一三年六月（第五二回全国保育問題研究集会・静岡集会）

〈特別講座〉原発・子どもの命・保育～福島と未来をつなぐ

コーディネーター：石原剛志（静岡保育問題研究会）

話題提供：

齋藤美智子・金沢忍（福島・さくら保育園）

新見真（ACSIR-市民と科学者の内部被曝問題研究会）

馬場利子（環境省環境カウンセラー）

二〇一三年八月（夏季セミナー）

三・一一の事実を見つめ命を守り生きる喜びを育てる保育を学び考えよう

〈講演〉鈴木由美子（亘理町立荒浜保育所）

子どもたちの命を守る三・一一あの日私たちはどう判断し行動したか

〈シンポジウム〉震災から学ぶ

コーディネーター：鈴木牧夫（東京保育問題研究会）

シンポジスト：

渡邉圭吾　心の復興を信じて（亘理町立荒浜保育所）

高橋悦子　震災後に果たした保育園の役割（仙台市・乳銀杏保育園）

齋藤美智子・齋藤直美　あれから二年四ヵ月がすぎて（福島市・さくら保育園）
小泉香世　保育ボランティアから考える（東京保育問題研究会）

二〇一四年六月（第五三回全国保育問題研究集会・大阪集会）

〈特別講座〉三・一一体験者は語る　あの日、あれから
コーディネート：仙台保育問題研究会
〈報告〉
一．津波被害からどう子どもを守ったか
仙台保育問題研究会（菊地映子・岸田明美・武田八重美・真柳由美子）
二．原発事故後の食と栽培活動
福島市・さくら保育園（梅津優香子・鈴木直子）
まとめ：鈴木牧夫（東京保育問題研究会）

二〇一五年五月（第五四回全国保育問題研究集会・石川集会）

〈特別講座〉
〈シンポジウム〉阪神淡路大震災に学ぶ
〈報告〉増田百代（兵庫保育問題研究会）
コメンテーター：
大橋巳津子（石巻市・なかよし保育園）
小林和子（東京保育問題研究会）
コーディネーター：鈴木牧夫（東京保育問題研究会）

二〇一六年六月（第五五回全国保育問題研究集会・東京集会）
〈特別講座〉心つながる―東日本大震災から五年、被災地は今―
〈報告〉
一．小野寺ひとみ（南三陸町マリンパル保育園主任）
二．鈴木由美子（亘理町立吉田保育所所長）
三．金沢忍（福島市・さくら保育園保育士）
コーディネーター：鈴木牧夫（東京保育問題研究会）

二〇一七年六月（第五六回全国保育問題研究集会・愛知集会）
〈特別講座〉命を守る決意―震災時における保育施設の役割を考える―
コーディネート：全国保育問題研究協議会・震災学習部
〈報告〉
一．山並道枝（熊本市・やまなみこども園）
二．たちかわみのり（熊本市・さくらんぼ保育園）

二〇一八年六月（第五七回全国保育問題研究集会・兵庫集会）
〈特別講座〉未来への備え―阪神淡路から繋いできたもの、学びから手を繋ごう―
コーディネート：全国保育問題研究協議会・震災学習部
〈報告〉
一．朝倉ユミ（元神戸市民間保育園保育士）
二．久城直美（元西宮公立保育所保育士）

三．増田百代（兵庫保育所運動連絡会）

二〇一九年六月（第五八回全国保育問題研究集会・熊本集会）

〈特別講座〉震災時における保育再開をめぐる自治体の責任・保育園の役割について

コーディネート：全国保育問題研究協議会・震災学習委員会

〈報告〉

一．藤木聖也（御船町・御船しあわせ日和実行委員）

震災時における自治体の責任について

二．佐藤和（熊本市・大光保育園）

震災時における保育園の役割について

二〇二〇年六月（第五九回全国保育問題研究集会・京都集会・Web）

子どもたちの命を守るために

コーディネート：全国保育問題研究協議会・震災学習委員会

司会：千葉直紀（信州保育問題研究会）

浸水被害の状況とその対応について　遠山拓郎（東京都・尾山台保育園）

支援活動の中で見えてきたもの　神田朋実（東京保育問題研究会）

まとめ：鈴木牧夫（全国保育問題研究協議会・震災学習委員会）

二〇二一年六月（第六〇回全国保育問題研究集会・東京集会・オンライン）

〈特別講座〉被災地は今―東日本大震災から一〇年を経て―

鈴木牧夫（東京保育問題研究会）・三浦和恵（仙台保育問題研究会）

二〇二二年六月（第六一回全国保育問題研究集会・京都集会・オンライン）
〈特別講座〉自然災害への対応力を身につけよう
講師：森口周二（東北大学災害科学国際研究所）
二〇二三年六月（第六二回全国保育問題研究集会・仙台集会・ハイブリッド）
〈記念講演〉震災を語り伝える若者たち―きずなFプロジェクト　八年間の軌跡―
講師：瀬成田実（みやぎ教育相談センター）・きずなFプロジェクト
〈特別講座〉「三・一一を学びに変える」
講師：佐藤敏郎（大川伝承の会）

震災学習委員会の課題

1●研究・学習課題について

それぞれの震災をバラバラにとらえるのではなく、阪神淡路大震災、東日本大震災、熊本地震、二〇一八年に発生した大阪北部地震や北海道胆振東部地震を一連のものとしてとらえていくこと、さらには、地震災害ではないけれど、二度にわたる広島の水害、西日本豪雨、熊本豪雨をも含めて課題を追求して行きたいと考えます。災害緊急時における保育園の対応や命を守る備えについて、災害から得た教訓を記録し会員へ発信していくことが必要です。そのために被災地である宮城県亘理町や熊本市に担当者全体で出かけて、被災地の保育者に話を直接聞くことも行ってきました。現場を自分の目で見て、当事者に直接話を聞くことは、研究課題・学習課題を設定する上で必要不可欠であることを私たちは身を持って知りました。

小学校以上の段階では、「防災教育」という教育の新しい分野が登場していますが、私たち保育の分野においても子どもたちの命を守る「防災保育」という視点が必要です。また一方で震災学習というと防災的な側面に目が向きがちですが、震災を乗り越え保育文化を再構築しようとしている被災地の保育や子育てからも引き続き学んでいきたいと思います。

2●支援活動とのかかわり

二〇一八年度は、大阪北部地震、西日本豪雨、北海道胆振東部地震と災害が相次いで発生しました。二〇一九年には台風一九号の水害が全国各地で発生、二〇二〇年には熊本豪雨災害が発生しました。災害はいつどこで起きるかわからない状況です。これまでも支援のあり方について検討してきましたが、保育問題研究会として支援のネットワークを確立することが急務であると考えます。

3●活動の軌跡を取る

全国だけでなく、各地域の保育問題研究会においても震災にかかわるさまざまな支援活動や学びの場の企画がなされています。やりっぱなしでは後々総括することさえ困難になります。実際、この文章も集会要綱や『季刊保育問題研究』を参照しながら書いています。全国だけでなく地域の保育問題研究会の取り組みも含めて『季刊保育問題研究』等に掲載するようにしたいと思います。

4●研究・学習の場の企画・運営について

全国集会における震災学習に関わる特別講座については、震災学習委員会が責任を持って企画・運営を行ってきました。台風や豪雨といった災害への検討もするようになり、委員会の果たす役割も広がっています。二〇二〇年からは、コロナ禍に保育施設も見舞われて、科学的な対応を行うことが求められています。コロナが終息もしない中、二〇二二年六月には、保健所は濃厚接触者を追跡することを止めて保育施設へのサポートを緩めてしまいました。この問題について保育施設がどのような対応をしていくのかという喫緊の課題も浮上しています。

震災学習から災害学習へと課題が広がっていく中で、委員会がどのような発展を構想するか、新たな段階へと踏み込んでいくことが求められています。

あとがき

「命の守り手として生きる」。第六二回全国保育問題研究集会・仙台集会のメインテーマです。「命」「生きる」をキーワードにして考えました。このテーマは、四年前に震災学習委員会で本著のタイトルを考えている時に思いつきました。それを仙台集会実行委員会で提起したところ了承されました。若手の会員からは、「このテーマかっこ良いですね」と言われて気を良くしています。

「震災から子どもたちの命を守る」という発想から始まっていますが、ここ数年間は「コロナ禍から子どもたちの命を守る」ということで保育者たちは奮闘しています。私たち仙台保育問題研究会・保育政策部会の宮城県内の保育施設を対象にしたコロナ禍に関する調査では、子どもの感染の危険性が高い第六波が始まった昨年一月から八月までの八ヵ月間で保育施設の九五パーセントで感染者が発生し、子どもも保育者も二割程度が感染していました。その後年末にかけて第七波、第八波の感染爆発を考えると、昨年一年間で三割程度の感染者数になったと予測されます。六月に保健所が濃厚接触者を追跡することを止めて保育施設へのサポートを緩める中、保育者たちは子どもたちの命を守るために懸命に奮闘し続けています。

メインテーマを検討する会議では、「守り手」では消極的なイメージを与えないかという危惧する意見もありました。私たちは、単なる「子守り」ではなく、「保育の専門家」です。この議論がなされているときに私の頭の中には、ルソーのエミールの一説が浮かんでいました。「先見の明ある母よ、わたしはあなたに訴える。若い植物が枯れないように、それを育て、水を注ぎなさい。その木が結ぶ果実はいつかあなたに大きな喜びをもたらすだろう。あなたの子どもの魂のまわりに、はやく垣根をめぐらしなさい。垣のしるしをつけることはほかの人にもできるが、じっさいに障壁をめぐらせる人は、あなたのほかにはいない」と、ルソーは子どもを徹底的に保護することを訴えました。

石巻市大川小学校では、七四名の児童、一〇名の教職員が地震津波被害で命を落としました。遺族の保護者が起こした裁判では、仙台高裁の裁判官は、「学校が子どもたちの命の最後の場所になってはならない」と述べています。子どもたちの命を守ることは当たり前の簡単な営みではありません。子どもたちの命を守ることが保育の基本である、ということを私たちは震災の保育現場から学びました。

災害は地震被害ばかりではありません。第六一回京都集会の特別講座で東北大学災害科学国際研究所の森口周二さんは、「災害大国日本に住むということは、災害への覚悟が必要である」と結んでいます。今後も発生するであろう災害への支援活動を継続しつつ被災地から学び続けていきたいと考えます。

●	276	2015-12	114-120	東日本大震災を体験して防災保育を考える	野呂アイ
	277	2016-02	123-128	わたしが今伝えられること……	三瓶莉奈
	279	2016-06	108-113	福島で見てきたこと、感じたこと	岡田寿美代
	280	2016-08	93	はじめに	三浦和恵
	280	2016-08	94-95	熊本地震にあらためて思うこと	宮﨑憲子
	280	2016-08	95-97	震災を経験した仙台の保育士から	鈴木直見
	280	2016-08	97-98	自分たちがくぐってきた思い	岸田明美
	280	2016-08	99-101	子どもの命を守るために何が大切なのか	三浦和恵
	283	2017-02	83-86	福島県保育・子育てのつどいに参加して	菅原めぐみ
	286	2017-08	110-116	「表現」がつながりを紡ぐ	白木次男
●	288	2017-12	152-159	希望をもって～震災学習福島ツアー・熊本訪問を終えて六年の歩み～	三浦和恵
	291	2018-06	102-109	震災復興の現状と人々の思いを学ぶ	東京保問研復興応援チーム
	292	2018-08	85-91	震災　被災　そして「いきる」	山並さやか
	292	2018-08	95-97	震災と保育 1 混乱、そして再生へ　磯部裕子	渡世人
	294	2018-12	102-109	愛媛県西予市　野村保育所　訪問記	鈴木牧夫、横山順
●	295	2019-02	122-127	子どもたちの命を守り育てることの意味　震災学習委員会の発足に当たって	鈴木牧夫
	297	2019-06	108-115	孫と私と西日本豪雨	青江知子
	297	2019-06	70-75	ともに考える園の安全・事故防止：熊本地震から考えたことと日常の安全	佐藤和
	297	2019-06	57-63	保育園での災害対策：どうにもできない災害に悩みながら	愛甲明実
	299	2019-10	172-177	震災における保育再開をめぐる自治体の責任・保育園の役割について	震災学習委員会
	300	2019-12	82	台風被害から学ぶこと～全国保問研・震災学習委員会に参加して～	千葉直紀
	300	2019-12	142	本当の意味の福祉とは……、二〇一九年一〇月に考えたこと　～消費税増税と災害と沖縄「けっしてあきらめない。」～	武尾正信
	304	2020-08	93-101	励ましのメッセージ	震災学習委員会
	304	2020-08	102-109	九州豪雨の被災者として今考えること	光永顕彰
	311	2021-10	172-179	被災地は今　東日本大震災から一〇年を経て	鈴木牧夫、三浦和恵
	316	2022-08	110-115	東日本大震災を伝え続ける	三浦和恵
	317	2022-10	196-226	自然災害への対応力を身につけよう	森口周二

資料：季刊保育問題研究掲載の震災関連文献目一覧

単行本化	号数	発行日	頁数	本文タイトル	執筆者
	256	2012-08	2-3	〝夢〟が語れることは当たり前？	大畠波枝
	256	2012-08	8-11	随筆　震災を語る　つなみと、どんぐり	工藤真弓
●	256	2012-08	12-34	亘理町立保育所のその日・それから	鈴木牧夫
●	256	2012-08	34-37	座談会を終えて　突然、被災者になって	三浦和恵
●	256	2012-08	36-37	亘理町保育所との座談会を振り返って	丹野広子
●	256	2012-08	38-39	まとめ　保育の原点を再確認	鈴木牧夫
	256	2012-08	40-45	わたしの語れること	佐藤真穂
	256	2012-08	46-49	あれから一年三ヵ月、福島の保育園から	齋藤美智子
	256	2012-08	50-54	三・一一　あの日を忘れないように	高橋悦子
●	256	2012-08	55-58	心のそばに	小泉香世
	256	2012-08	59-65	まだ見えぬ復興　一年先にみえるもの……、そしてその一年先にみえるもの	正岡豊
	256	2012-08	66-70	荒浜保育所での、忘れられない体験	荘美奈子
●	256	2012-08	71-75	南三陸町を訪れて	植村知美
	256	2012-08	76-84	被災地とともに歩んだ一年　国際NGOプラン・ジャパンの東日本大震災支援活動から	後藤亮
	256	2012-08	85-89	絆　心を繋ぐ保育ボランティアとの出会い	小野寺ひとみ
	56	2012-08	90-96	東日本大震災後の宮城県沿岸地域の保育実態	小幡幸拓
	256	2012-08	97-110	二〇一一・三・一一とその後の福島の子どもたち　保育白書づくりアンケート調査より	福島県保育連絡会・保育白書づくり実行委員会　佐藤育子、栗原マツ
	256	2012-08	111-117	東日本大震災復興支援活動報告　保問研ができること	佐々木洋子、文責　福岡慶
	256	2012-08	118-121	南三陸町を訪問して	加用美代子
●	256	2012-08	122-123	地震の日のこと	三浦和恵
	264	2013-12	82-84	あの日私たちはどう判断し行動したか	鈴木由美子
●	264	2013-12	85-98	生命を守る保育現場の取り組み	鈴木牧夫、渡邊圭吾、高橋悦子、齋藤美智子、齋藤直美、小泉香世
●	268	2014-08	114-119	福島・宮城を訪問して思っていること	西川由紀子
●	275	2015-10	120-148	災害時における保育所の役割　阪神淡路大震災を被災して	増田百代

●執筆者および執筆協力者

荒井美智子　(仙台保育問題研究会・聖和学園短期大学)
植村知美　(京都保育問題研究会・親愛保育園)
* 神田朋実　(東京保育問題研究会・平塚幼稚園)
小泉香世　(東京保育問題研究会・でんでん虫の家・町田)
齋藤直美　(福島・さくら保育園)
齋藤美智子　(福島・さくら保育園)
* 鈴木牧夫　(東京保育問題研究会・玉川大学)
鈴木由美子　(亘理町立荒浜保育所)
高橋悦子　(仙台保育問題研究会・乳銀杏保育園)
たちかわみのり　(熊本保育問題研究会・さくらんぼ保育園)
丹野広子　(仙台保育問題研究会・柳生もりの子保育園)
* 千葉直紀　(信州保育問題研究会・上田女子短期大学)
西川由紀子　(京都保育問題研究会・京都華頂大学)
野呂アイ　(仙台保育問題研究会・前尚絅学院大学)
* 古林ゆり　(福岡保育問題研究会。精華女子短期大学)
増田百代　(兵庫保育問題研究会)
* 三浦和恵　(仙台保育問題研究会・公立保育所)
* 山並さやか　(熊本保育問題研究会・やまなみこども園ころぼっくる)
山並道枝　(熊本保育問題研究会・やまなみこども園)
渡邉圭吾　(亘理町立荒浜保育所)

(五十音順　所属は、執筆当時のものです。*印は本書編集委員)

●初出一覧

p.22~48　『季刊保育問題研究』256号 2012年8月
p.48~55　『季刊保育問題研究』256号 2012年8月
p.56~72　『季刊保育問題研究』256号 2012年8月
p.110~112　『季刊保育問題研究』264号 2013年12月
p.114~119　『季刊保育問題研究』256号 2012年8月
p.120~123　『季刊保育問題研究』256号 2012年8月
p.131~136　『季刊保育問題研究』268号 2014年8月
p.137~146　『季刊保育問題研究』288号 2017年12月
p.158~160　『熊本保育問題研究会ニュース』no. 287
p.162~169　『季刊保育問題研究』276号 2015年12月
p.170~206　『季刊保育問題研究』275号 2015年10月
p.224~233　『季刊保育問題研究』295号 2019年2月

全国保育問題研究協議会（全国保問研）

この会は、保育問題を自主的に研究する団体が、相互に連絡・交流をはかるとともに保育実践に根ざした民主的・科学的保育研究運動を協力共同して推進し、子どもの発達保障・親の労働権保障に寄与することを目的とします。

事務局・東京都文京区本郷 5−30−20　サンライズ本郷 7F

（保育問題研究シリーズ）

私たちは生きる
～災害から子どもたちの命を守るために～

2023 年 6 月 30 日　初版 1 刷

編　者　全国保育問題研究協議会
発行者　伊集院　郁夫

発行所　㈱新読書社
東京都文京区本郷 5−30−20
電話 03−3814−6791
FAX 03−3814−3097

お問い合わせ

組版　追川恵子　　印刷／製本　日本ハイコム

ISBN978−4−7880−2189−1